壹卷
YEBOOK

让 思 想 流 动 起 来

士当何为

徐复观先生谈思录

徐武军 徐元纯 编

四川人民出版社

代 序

徐复观教授,一九〇三年元月卅一日出生于湖北省浠水县徐家坳凤形湾,始名秉常,字佛观。八岁从父执中公启蒙,十二岁入浠水高等小学,十五岁入武昌省立第一师范学校,复于一九二五年入湖北省立国学馆,历经严谨的中国传统经典训练。一九二八年赴日学习经济,大量接触及吸收社会主义思潮,后入日本士官军校,因"九一八"事件返国。投身军旅,参与娘子关战役及武汉保卫战。一九四三年任军令部派驻延安联络参谋,与共产党高层多次直接接触。返重庆后参与决策内层,同时拜入熊十力先生门下,重启对中国传统文化信心,更名复观。关心农民问题,在一九四八年提出佃农以田租抵地价的"耕者有其田"办法(此一办法一九五三年在台湾全面推行)。年近五十而不屈志,一九五一年转而致力于教育及学术研究,初任教于台中农学院;一九五五年开始在台中东海大学中国文学系任教授;一九五七年三月,遭国民党开除党籍;一九六九年,受国民党智青党部及东海大学迫使退休,在台湾全无生存空间;在此期间共出版了

《中国思想史论集》、《中国人性论史先秦篇》、《中国艺术精神》、《中国文学论集》、《公孙龙子讲疏》及《石涛之一研究》等学术著作。一九七〇年间迁家香港,先后任教于中文大学及新亚学院,完成《两汉思想史》三卷、《周官成立之时代及其思想性格》、《中国文学论集续篇》、《中国思想史论集续篇》及《中国经学史的基础》。徐复观教授于一九八二年四月一日辞世。是二十世纪港台新儒家的大家。

身处大变动的时代,并亲身经历了抗日战争和政治运作,徐复观教授从吾华两千年历史中所得的认识认为:要做到中华民族的复兴和中国的长治久安,必需要解决"人"的问题,以及如何以和平的方式来转移政权。在"人"的问题上,"我常常想,国民党哪些对哪些不对?最根本的就是人发生了问题";徐教授认为:"由孔子之教所开辟的世界是现实生活中的'正常人'的世界;是人和人应当进入,也可以进入的平安的世界。人能进入到柏拉图的理想型世界中去吗?能进入到黑格尔的绝对精神的世界中去吗?"是以,以《论语》为中心的孔子之教,是解决"人"的问题的解方。同时,孔子之教所涵盖的人生面向很广:"儒家内在的道德实践,总是归结于人伦;而落实到现实上的成就,大体是从三个方面发展,一为家庭,二为政治(国家),三为教化(社会)。"在处理"人"的问题时,我们无求于西方系统性哲学。在第二个问题上,历史上中国人民所承受的苦难,多半源于争夺政权的战争,如果能建立非武力的政权转换制度,中国人民即可少受苦难;中国传统文化的内涵非常丰富,例如"'不患寡而患不均'、'货恶其弃于地'、'力恶其不出于身，不必为己'，为什么不可发展为社会主义？'舜禹之有天地也，而不与焉'、'民为贵，社稷次之，君为轻'为什么不可发展为民主主义？"但是"儒家乃至于整个中国文化，在法治上留下最大的漏洞，一是尊重人民的好恶，但如何能使人民表达自己的好恶，并使统治者不能不加以尊重，没有想出办法来。另一是政权应以何方式，得以和平转移而不乱，也是两千多年来束手无策的"。徐复观教授认为，历经两千多年的专制统治，孔子之教已多方扭曲变形，他在学术上的抱负是："我要把中国文化中原有的民主精神重新显豁疏导出来。这是'为往圣继绝学'。"这也是"为万世开太平"。

在学术著作之余，徐复观教授著有三百余万字的"时论"，表达他要传送给社会的消息和对社会的观察、批判和建议。我们从"时论"中取了五百余则文句，编成本书，是将一位深接地气的儒家学者面对现实社会时的态度和行为陈列出来，作为读者的参考。

在此，还要特别感谢郭齐勇教授和王晨光教授的指导和帮助。

徐武军　徐元纯敬志
2019年春末

目 录

自 叙 / 001

> 我不是弄哲学的,根本无意形成自己的哲学系统。我的根本动机和努力的方向,都在中国文化的再认识,想由此以确定中国文化的内容、意义、地位,以帮助中国人在精神上能站起来。但我开始做学问的时间太迟,在这方面的收获太小。我只想在各重要部门开辟一条路出来,让后来的人继续走下去。

读书和研究的
态度与方法 / 011

> 求知的最基本要求,首先是要对于研究对象,作客观的认定;并且在研究过程中,应随着对象的转折而转折,以穷其自身所含的构造。就研究思想史来说,首先是要很客观地承认此一思想;并当着手研究之际,是要先顺着前人的思想去思想,随着前人思想之展开而展开;才能真正了解他中间所含藏的问题,及其所经过的曲折;由此而提出怀疑,评判,才能与前人思想的本身相应。

知识分子　/ 033

士　/ 035
政治与知识分子　/ 040
近代中国知识分子的性格及言行　/ 044

中国圣贤立教，对"士"自身的要求，常常远严格过对一般社会的要求。作为一个知识分子，在面对权势时，应当坚守自己的权利，限定自己的义务。在面对社会时，则应当忘记自己的权利，扩大自己的义务。"先天下之忧而忧，后天下之乐而乐"的知识分子才是知识分子个人主义的"正种"。

教　育　/ 057

论教育　/ 059
师　/ 064
看教育　/ 067

就求学的根本动机，及求学的整个归结来说，则一定是为了对时代负责，对国家、民族，乃至整个人类来负责。凡是可以成为知识的东西，都有学问上的价值；但其中与时代问题密切相关的，必然要摆在求知的第一位，而集注以最优秀的心灵和力量。

文 化 / 075

传统与文化 / 077

儒家文化 / 097

西方的思维 / 117

中西文化 / 125

宗教 / 142

谈文化 / 152

由此可知所谓文化，简单地说，可分为两点：一是对人的价值的发现，因而奠定人的地位与生存的方向。一是对人的视野的扩大，把遇见的问题能作关联性的思考；由这一方面，关联到各个方面去思考；由眼前关联到过去与未来去思考。缺乏这种关联性的思考能力，而凭一己几希之明来运用巨大的组织能力，我想这是人类归于毁灭的重大原因之一。

艺 术 / 177

艺术的根源 / 179

中国艺术 / 184

现代艺术 / 190

艺术家和艺术作品 / 196

在清明的世界形象中而渐渐发现美的意欲，表现为美的形象，以成就所谓"美术"这一部门的文化。这是人类脱离混沌、野蛮，而奠定自己地位的一个重要标志。形象之美，是人类生命的升华。千变万化的艺术活动，必需归结到"美"的上面。人类只能在"美"和"善"的上面得到精神的着落点，得到生命的安全感觉。

文　学　/ 201

文学的根源　/ 203

文学的社会性　/ 217

文学的民族性及世界性　/ 222

论文学　/ 229

> 为人生而艺术、为人生而文学，这是东西艺术、文学的主流。人生不是孤立的，每一个人必生长于社会群体之中；真正的文学，是对人生的批评，是对人生的开辟。批评得愈切，开辟得愈深，即愈可以证明人生是与社会同在，与其国家民族同在。所以为人生而文学，实际也即是为社会而文学，为其国家民族而文学。

历史与思想　/ 233

> 中国文化的传统，论人，则论其大节；论政，则持其大体。论大节，持大体，一方面可以维系人道政道前进的大方向，同时也可以得到社会政治的安定和平。专注小节，势必忘记了大节；坚持小体，势必疏忽了大体。以此论人论政，本末倒置、轻重失权，结果乃大乱之道。

自叙

我不是弄哲学的,根本无意形成自己的哲学系统。我的根本动机和努力的方向,都在中国文化的再认识,想由此以确定中国文化的内容、意义、地位,以帮助中国人在精神上能站起来。但我开始做学问的时间太迟,在这方面的收获太小。我只想在各重要部门开辟一条路出来,让后来的人继续走下去。

一

我要把中国文化中原有的民主精神重新显豁疏导出来。这是"为往圣继绝学"。使这部分精神来支持民主政治。这是"为万世开太平"。政治不民主,则无太平可言。

1980.08.17

二

楚人任侠敢任,而尝有守孤抱以轻天下之情,故历史上秉大义以发天下之大难者多为楚人。发大难而不计其功,有其功而亦不以此自拘自滞,自矜自持者,亦多为楚人。盖楚人有性情之真,而少功名之念,此楚人之所以失,亦楚人之所以得。

1951.11.25

三

从民元发蒙时候起,到民国十五年革命军到武汉为止,主要是读线装书。从民国十五年以后,到二十九年止,我唾弃了线装书,追求"科学的社会主义"。从三十二年遇见熊十力先生起,我知道过去虽然读了许多线装书,但可以说,并不曾真正读懂一句,因而不敢随便唾弃线装书。但依然是想在日译的西方典籍中求得一点什么。

1968.01

四

中国文化对今后人类之有无价值,不关于其与西方文化之有无相合,而关于其曾否提出在西方文化中所未曾提出之问题、方法与结论。故观此时所能致力者,在说明中国文化之真相,究竟如何。

自叙

  多年体验，沉潜于原典资料之功夫愈深，即愈感耿耿孤明，一无依傍。故拙著岂特为违反中国文化者所不谅，恐亦将难为平生敬畏之师有所谅。如熊十力之学问出自《易传》，而观对《易传》之评价，即全与熊师不同，且不重视阴阳之形上架构。

  然意在为来学开辟治学途径，以拓清百十年来所积之荆榛，又安感苟且沉浮于一时之毁誉乎？

1963.07.01

五

  生命力的发挥和蕴藏，最重要的因素是求知识。春秋时代的闵子骞有两句名言是："夫学，殖也。不学将落。"殖是生长，落是凋落。学则生命犹如生物之生长；不学则生命将如生物之凋落。

  我于1952年，由台中坐火车往台北，手上拿着一本《二程遗书》在看。忽然看到程伊川"不学则老而衰"的一句话，当时心情非常感动，回来把这句话写好贴在壁上。十年来虽在学问上没有成就，但虽病而仍不老不衰，我觉得这是伊川这句话所给我的最大启发和效验。

1963.12

六

作为一个中国的人文主义者,不可能不关心到文学艺术面的问题。而以"人性论"为基点,把中国的哲学思想和文学艺术思想连接起来,这正是我的责任和目前所作的试探。

1964.03.24

七

我在基督教所办的大学里教书,但并不是基督徒,并对基督教也不表示信赖。

1968.09.19

八

我在教会学校里教了十四年书,体认到文化侵略与精神占领的严酷性,是如此的巧妙,是如此的深刻,是如此的毒辣。

1972.05.02

自 叙

九

我当军人,听长官训话;当公务员,听主管训话;在命定的公众聚会中,听名人讲话;在教会学校,听牧师讲道,而实际也只是讲话;对这种精神虐待的严酷性,实在领受得太惨了;所以,我才一关一关地逃出来,逃得颠沛流离。所换得的,只是差无"谨呈"之辱,听训之酷耳。

1972.05.06

一〇

我不是弄哲学的,根本无意形成自己的哲学系统。我的根本动机和努力的方向,都在中国文化的再认识,想由此以确定中国文化的内容、意义、地位,以帮助中国人在精神上能站起来。但我开始做学问的时间太迟,在这方面的收获太小。我只想在各重要部门开辟一条路出来,让后来的人继续走下去。但因为在学术上没有地位,不可能一下子发生影响。眼看着台湾和大陆的许多人,还自甘封闭在浑沌之中,此乃无可奈何之事。

1978.03.23

一一

我从来不反对社会主义,但我心目中的社会主义,是从我们广大人民生活实践中聚结出来,永远以实质地平等,与广大人民生活结合在一起的社会主义。

1979.11.14

一二

我原来也是反对中国文化的。在重庆时代认识熊十力先生,听了他的话,我才不反对中国文化,但我并不相信。我并不是不好学的人,我常常看东西,常看日本的、西方的东西,我不反对它们,也不恭维它们。

到了台湾以后,我常常想,国民党哪些对哪些不对?最根本的就是人发生了问题。

我发现西方也追求一个新的东西,发觉他们的文化也在人的方面发生了问题,在人的价值上发生了问题。他们追求,追求到边缘就停止了,再也追求不下去了。他们追求的,实际上就是中国文化,就是儒家之教。

这样一来,我才相信了儒家文化。

1981.05

自叙

一三

我三十年来为中国文化所作的抗辩,是源自国民政府重庆、南京时代的反省,及以(编注:二十世纪)五十年代六十年代的台湾文化界为对象而展开的。抗辩的目的,只在未被叔孙通子孙们所扭曲的中国文化,能在中国文化的整体生活中,取得堂堂正正的一席之地。

1981.09.01

读书和研究的态度与方法

求知的最基本要求，首先是要对于研究对象，作客观的认定；并且在研究过程中，应随着对象的转折而转折，以穷其自身所含的构造。就研究思想史来说，首先是要很客观地承认此一思想；并当着手研究之际，是要先顺着前人的思想去思想，随着前人思想之展开而展开；才能真正了解他中间所含藏的问题，及其所经过的曲折；由此而提出怀疑，评判，才能与前人思想的本身相应。

一

第一次我穿军服到北碚金刚碑勉仁书院看他（注：熊十力）时，请教该读什么书。他老先生教我读王船山的《读通鉴论》，我说那是早已经读过了，他以不高兴的神气说："你并没有读懂，应当再读。"过了些时候再去见他，说《读通鉴论》已经读完了。他问："有什么心得？"于是我接二连三地说出我的许多不同意的地方。他老先生未听完便怒声斥骂说："你这个东西，怎么会读得进书！任何书的内容，都是有好的地方，也有坏的地方。你为什么不先看出它好的地方，却专门去挑坏的；这样读书，就是读了百部千部，你会受到书的什么益处？读书是要先看出它的好处，再批评它的的坏处，这才像吃东西一样，经过消化而摄取了营养。譬如《读通鉴论》，某一段该是多么有意义；又如某一段，理解是如何深刻。你记得吗？你懂得吗？你这样读书，真太没有出息！"这一骂，骂得我这个陆军少将目瞪口呆。原来读书是要先读出每一部的意义！

1959.10.01

二

我们所读的书，除了一部分原始资料外，绝大多数，其本身即是在对某问题作直接的解答。因此，读书的第一步，便不能以假设来开始，而只能以如何了解书上所作的解答来开始。

读书真正的目的，有如蜜蜂酿蜜，是要从许多他人的说法中，酿出新的东西来，以求对观念或现实作新的解释，因此而形成推动文化的新动力。在此一大过程中，分析与综合的交互作用，才占了方法上的主要地位。

1959.01

三

陈寅恪先生在《元白诗笺证稿》对唐代文学发展的意见，我并不赞成；但当我看这部著作时，使我非常感动。

我觉得没有问题的地方，他却能看出问题；而且一经他道破，便感到的确是有问题。

看来与问题并无关联的材料，经他一番分析、疏导后，居然引出了解决问题答案的线索，终于得出可以承认的结论。这对我的启发性太大了。

其次，给我启发性很大的便是王怀祖的《读书杂志》。

马浮先生的《尔雅台答问》，是近三百年来最特出的一部著作，可与熊十力先生的《十力语要》相提并论。

1974.11.01

四

一个人读了书而脑筋里没有问题，这是书还没有读进去，所以只有落下心来再细细地读。读后脑筋里有了问题，这便是叩开了读书的门，所以自然会赶忙地继续努力。

1959.10.01

五

所以先生（注：熊十力）很知道佛老的玄学，在小知俗学中，容易成就声名。但他终不以一己声名之私，忘对国家民族所应尽的责任，他中年以后，志之所存，皆集中在以儒家的文化学术救世的这一点，这是与宋明诸大儒，多由佛老回归儒术的动机，不期而合的，此之谓大节。

1973.03.27

六

做人文科学研究的人，首先要求有一个由"忠于知识"而来的勤勉、谦虚、自信，及"过则无惮改"的态度。

忠有"尽己"及"服从"的双重意义。朱子以"尽己之谓忠；如实之谓信"解忠信两字，意义深远。"尽己"是竭尽自己的一切，而毫无保留地去追求知识。"服从"是绌退虚名、意气、势利、权威、人情、世故，唯知识是从。

胡适之先生的一篇讲演稿，内容大体上说治学要"勤"要"缓"。

所谓"勤"除了勤于阅读，勤于搜集外，在写文章时，只要发现有一点缺口，有一点于心不安，便不应轻易放过。所谓

"缓",是指材料没有收齐,观念没有成熟,固然不应轻易动笔。即使觉得材料、观念都已具备了,还应多酝酿一段时间,在脑筋里多转几回圈子,并从与自己意见相反的方向多想想。

"谦虚",主要是对材料而言。先让材料自己讲话,在材料之前,牺牲自己的任何成见。

"自信"是在深入材料去以后,对任何与材料不符,但被人视为权威的说法,都敢站起来替材料讲话。

这是面对知识的堂堂正正的人生态度。

1974.11.01

七

科学中的假设,无一不是先经过严密的探讨、操作而来。只有这样,才能成为科学的假设。学问的真正功夫,开始正表现在达到非有此一假设不可的这一过程之上。所以这种假设,是已经过了真实的学问功夫所提出的"可能性最大"的假设。提出科学的假设,值得称为科学的假设,谈何容易!胡先生(注:胡适)之所谓"大胆假设"的"大胆",不知意何所指?

大学的学生,不论做那一门学问,若先从"大胆假设"下手,他们将根本不能下手。而科学方法,便先要告诉人一个可确切下手的地方,有如演几何之先从自明的公理演起一样。

又如"小题大做"的"小"和"大",又是什么意思呢?按着应有的步骤,一步一步的弄清楚,弄清楚了一步,再向前走一步,步步踏实而不蹈空,这是一般做学问的态度。任何学问都有"起步"之处。起步之处"小题";一步一步的弄清楚,这也不能称之为"大做"。

但找资料,保存资料,并不就是学问。由找资料而走到选择资料,才开始了学问的行程。选择资料的本身就是真正的整理资料;也由此而可以不仅是整理资料,以成其为"学"。"上穷碧落下黄泉,动手动脚找东西",只算是两头不到岸的口号。

"实事求是"的第一表现,是知道每一学术的界限,知道个人在学问面前的分寸,因而先把自己所信所学的,清清楚楚地拿出来,对于自己所不信不学的,能"批判"便"批判",不能批判便采"慎言其余"的态度,而不要趁口快去打倒。

1954.01.13

八

决定如何处理材料的是方法;但决定运用方法的则是研究者的态度。

在研究自然科学方面,因为研究的对象和研究者的真实生活，有距离，于是他的真实生活的态度，和他走进实验室时的态度，也可以形成一个自然的隔限，而不易受到现实生活态度的影响。

并且自然科学的真理，其证明是来自对象的直接答复。所以一经证明以后，便没有多大的争论。

研究人文科学，则研究的对象与研究者真实生活的态度，常密切相关；于是在真实生活中的态度，常能直接干涉到研究时的态度。

要使我们的真实生活态度能适合于研究时的态度，最低限度，不太干涉到研究时的态度，这恐怕研究者须要对自己的生活习性，有一种高度的自觉，而这种自觉的功夫，在中国传统中即称之为"敬"。

敬乃贯彻于道德活动、知识活动之中的共同精神状态。

求知的最基本要求，首先是要对于研究对象，作客观的认定；并且在研究过程中，应随着对象的转折而转折，以穷究其自身所含的构造。

就研究思想史来说，首先是要很客观地承认此一思想；并当着手研究之际，是要先顺着前人的思想去思想，随着前人思想之展开而展开；才能真正了解他中间所含藏的问题，及其所经过的曲折；由此而提出怀疑，评判，才能与前人思想的本身相应。

1959.10

九

我觉得每人应先选定一部古典性质的书,彻底把它读通。不仅要从训诂进入到它的思想,并且要理解这种思想的历史社会背景;理解在这些时代背景下著者遇到些什么问题,他是通过怎样的途径去解决这些问题;了解他在解决这些问题中,遇到些什么曲折,受到了哪些限制,因而他把握问题的程度、及对问题在当时及以后发生了如何的影响;并且要了解后来有哪些新因素,渗入到他的思想中,有哪种新情势是对他的思想发生了新的推动或制约的力量,逐步地弄个清楚明白,以尽其委曲,体其甘苦,然后才知道一位有地位的著者,常是经历着一般人所未曾经历过的艰辛,及到达了一般人所未曾到达的境界。

受到由著者经历所给与读者的训练,而将自己向前推进一步。

由此以取得在那一门学问中的起码立足点。

1959.01

一〇

西方的哲学著作,在结论上多感到贫乏,但在批判他人、分析现象和事实时,则极尽深锐条理之能事。人的头脑,好比一把刀。看这类的书，好比一把刀在极细腻的砥石上磨洗。

1959.10.01

一一

只有读组织严密的思想性著作，才能养成自己的思考能力，逻辑教科书是没有大用处的。

只有读论证精详的考证性的著作，才能养成自己的考证能力，决不应仅靠方法上的说教。

同时，真要看懂他人的著作，要靠自己的功力。而选择名著，反复用心去精读熟读，一寸一寸地把握其中的纲要、条理及取材、推演的方式，是培养功力的不二法门。

1974.11.01

一二

一部重要的书，常是一面读，一面做记号。记号做完了便摘抄。我不惯于做卡片。卡片可适用于搜集一般的材料，但用到应该精读的古典上，便没有意思。书上许多地方，看的时候以为已经懂得；但一经摘抄，才知道先前并没有懂清楚。所以摘抄工作，实际是读书的水磨工夫。

摘抄一遍，可以帮助记忆，并便于提挈全书的内容，汇成几个重要的观点。

1959.10.01

一三

民国三十一年军令部派我到延安当联络参谋，住在窑洞里的半年时间，读通了克劳赛维兹所著的《战争论》，但又从此把它放弃了。这部书，若不了解欧洲近代的七年战争及法国从革命到拿破仑的战争，以及当时德国从康德到黑格尔的哲学背景，是不可能完全了解他的。在延安读这部书，是我的第三次。这一次偶然了解到他是通过哪一种思考的历程，来形成此一著作的结构及得出他的结论；因而才真正相信他不是告诉我们以战争的某些公式，而是教给我们理解、把握战争的一种方法。

凡是伟大的著作，几乎都在告诉读者一种达到结论的方法，因而给读者以思想的训练。

1959.10.01

一四

只要能成为一种知识便应当有若干共同的特性：

第一，它是可以经验得到的。

第二，它是合理的，因而也是有秩序的。

第三，它是客观的；或可以客观化出来的。

第四，它纵使极精极深，但可以通过一条路径去接近、把握，因而是可以学习的。

追求知识的目的，不仅在积极地学到某些知识，同时也是训练自己的思考，由浑沌而进入明确，由杂乱而得到条理。

把杂乱的材料，加以处理，以建立某种秩序，这便是知识。

有的是知识以外的学问，有如道德、宗教、艺术等，它们的自身并不是知识；但当我们把它当作研究的对象时，依然首先要通过知识去加以处理。由研究而转移到将其实现时，才由知识的活动，转移为实践的活动。

1966.02

一五

做学问最基本的工作,首在收集资料、整理资料、把资料加以消化。当以某一问题为中心而开始收集资料时,由此一资料而涉及彼一资料、辗转牵涉,便会头绪纷繁、出入互见;此时写一篇文章以便把头绪加以清理,把出入加以比较,这是整理资料的一种最切实而妥当的方法。

1956.06

一六

一切都要由基本材料下手,在基本材料上立根基。

找材料再勤,也必有遗漏,必有继续发现。假定我的考证是正确的,则继续发现的材料,都会为我作证。假定考证错误了,继续发现的材料,都会成为我的对头。

我对《孝经》成立年代的考证便遇到后面的情形,逼得我只有认错。

1974.11.01

一七

言学问，必以"积"为基本的功夫。

"积"，一定是由一点一滴着手；积是与时间成正比例，时间愈久，在学问上便积累得愈多。

积的动力，还是朱元晦所说的，"心便爱了"的"爱"。假使一定要说学问上也有天才的问题，则有无天才，表现在对学问的爱与不爱。

学问基本表现在"识力"上。任何有关材料，到自己面前，都能判别它的分量，发现它的意味与问题；将零碎者加以合乎逻辑的贯通；将隐秘者加以自然而合理的显露；自己犯了错能反省出来，若经他人指出，便自然而然的以感佩的心情来接受、改正，此之谓"识力"。

一个人所得知识的妥当性，决定于他识力的高下。

识力主要是来自以渐来消化所积的材料。积有如牛的吃草，渐有如牛的反刍。积的心理状态是穷搜远绍、较量锱铢。渐的心理状态是心平气静，从容寻绎。在寻绎中有反省，在反省中再寻绎。

渐必须来自积。必须积而又积，渐而又渐；积以终身，渐以终身。

由积与渐的功力之差异，表现于文章时，是尖新、奇崛、平凡的伟大三者间的差异。

1981.07.05

一八

"观念",指的是一个人,对于客观事物,由观察、追索而来的自己的一种观点。简言之,是客观事物在一个人的主观上所起的肯定性的反映。若纯就求知的学问上说,则观念是一个人求知的结果。但这种结果,又会回头去作一个人求知的导引。因此,一个人的求知的成绩,实际是由他的观念所决定的。

只要是在学术上真有贡献的人,他一生治学的过程,即是自己的观念,不断的结成与解消的过程。不让在自己主观中所结成观念变成信仰,使它随时接受客观事物的考验;一有扞格,立刻解消原有的观念,以顺从客观事物,吸收客观事物,以结成新的观念。由客观事物所引起的观念的解消,实际即是观念的充实、丰富。

1963.09.08

一九

读中国的古典研究或研究中国古典中的某一问题时,我一定要把可以收集得到的后人的有关研究,尤其是今人的有关研究，先看一个清楚明白，再细细去读原典。因为我觉得后人的研究，对原典常常有一种指引的作用，且由此可以知道此一方面的研究所达到的水平和结果。但若把这种工作代替细读原典的工作，那便一生居人胯下，并贻误终身。看了后人的研究，再细读原典，这对于原典及后人研究工作的了解和评价，容易有把握，并常发现尚有许多工作需要我们去做。

1959.10.01

二〇

我们对古典的理解，必须由文字的训诂，以进入到精神的体认和思辨的分析、综合，才算完成了理解的过程。

1968.07.11

二一

希望治国学的人，能从西方的学术训练中，训练自己的思考能力；能从现实的人生社会的体验反省中，恢复自己的价值意识，才能在现代学术的基础上重新来讲中国传统的学问，这是一件艰巨而长期的工作。

1960.05.01

二二

今日研究中国文化，较之研究西方文化，每一门学问，都建立有可靠的基础的，要困难得多。

但也正因为是这样，所以只要摸到了门径，下三、五年工夫，便能提出新的贡献，在学术上可以站了起来。因为从现代学术的观点来说，中国文化是原料而不是制成品。把原料作成制成品，比以新制成品去压倒旧制成品要容易得多。

应养成思考、判断的能力，要多作比较的研究；这除了要先精读几部中国古典，还要彻底弄通一种外国语言，切实读点西方的古典，并不断与时代有关的思想，保持接触。在西方典籍的阅读中，培养治学的方法；在西方的文化问题、思想问题中，反映出中国文化自身的问题，及其在世纪文化中的地位与贡献。

1962.06

二三

历史的真实，即是人类所遭遇的问题的真实。一部《史记》，便是在"见其表里"中写出来的。

每一个人，由心理到私生活，由私生活到社会生活，都有表层，及藏在表层下的里层。表里一致的是真。里层与表层发生距离时，里层是真，表层就掺了假。一般地现象，政治社会的地位愈高，表里的距离就越大，以致社会不能看到里层的真，而只能看到表层的假。

在上的人，以假相加；在下的人，以假相应；整个局势，成为假戏，而装扮作真唱的场面。但在假戏后面，却有一股见不得人的暗流，也即是里层的真，在决定历史的命运。

此时，只有智慧很高，心灵特敏的人，才能"具见其表里"，以照出历史的真相与问题。这是大文学家、大史学家所必须具备的基本条件，也是真正抱有澄清之志的人所必须具备的基本条件。

1980.12.04

二四

萧先生(注:萧一山)感慨地说:"历史中的小事,有真有伪;但历史中的大事却必然是真的。学历史的人,应先把握住历史中的大事,再由大事以权衡比较小的事。现实风气,一开始便纠缠在小事的真伪之争里面,这如何能把握到历史。"

1978.07.18

二五

我国史学传统"《春秋》一字褒贬"之说,所给予史学的纠缠与歪曲的影响,殆有类于黑格尔的《历史哲学》。

1955.06.15

二六

我觉得抄书是写文章的起点。因为你想抄某一篇、某一段东西的时候,已经是初步发生了选择的作用。所以也是在收集资料时的初步整理工作。

1956.06

二七

当你有某种感想，经过初步的思考而觉其值得写出，你便决心将它写出时，你的思考力便随着文章的展开而展开，随着文字的锻炼而锻炼。就我个人的经验来说，在写的经历中对问题所发掘的深度和广度，决非开始拿笔时所能想到。

"写"是发展锻炼思考的重要方法。

以写的方法来发展思考，锻炼思考，有同于自然科学研究中的演算。

1956.06

二八

我才慢慢知道，文章的好坏，不仅仅是靠开阖跌宕的那一套技巧，而是要有内容。就一般的文章说，有思想才有内容，而思想是要在有价值的古典中教育、启发出来，并且要在时代的气氛中开花结果。

1959.10.01

二九

论文与诗词不同。诗词主要表达个人之感情,他人心目中之工拙,可以不计。论文则以被论及之对象为主体,涉及理论者,唯理论可以驳之。涉及证据者,唯证据可以驳之。此学术之所以为天下之公器也。

弟年来常感到必有学术之良心,而后可以运用科学之方法,然后可以进入某一学问之藩离。

1973.03.01

知识分子

中国圣贤立教,对"士"自身的要求,常常远严格过对一般社会的要求。作为一个知识分子,在面对权势时,应当坚守自己的权利,限定自己的义务。在面对社会时,则应当忘记自己的权利,扩大自己的义务。"先天下之忧而忧,后天下之乐而乐"的知识分子才是知识分子个人主义的"正种"。

士

一

《论语》中由孔子的学生所记录的孔子自己所说的语言,也可以说是以君、臣、士三阶层为对象所说的。

孔子总是抑制这三阶层的利益,使他们还原为一种"普遍的人",具备普遍的人的条件,以尽到他们由职业地位而来的作为"特殊的人"所应尽到的责任。

任何职业,任何地位的特殊的人,都可由忠信去尽到他的责任。但首须抑制由突出于庶民之上的阶层利益。他说:"士志于道而耻恶衣恶食者,未足与议也。""士而怀居不可以为士矣。"这是抑制士的阶层的利益的显例。

1976.11.07

二

中国圣贤立教，对"士"自身的要求，常常远严格过对一般社会的要求。

作为一个知识分子，在面对权势时，应当坚守自己的权利，限定自己的义务。在面对社会时，则应当忘记自己的权利，扩大自己的义务。

"先天下之忧而忧，后天下之乐而乐"的知识分子才是知识分子个人主义的"正种"。

1968.12

三

因为在深厚的中国文化传统中，很昭著地教示知识分子，以一个最基本的立足点，即是民族的利害，必然地高置于政权是非之上。在此等处有所颠倒，其他学问，便难有一安放的地方。

1973.03.27

四

　　世界上只要是精神正常的人士，对于不分青红皂白来糟蹋自己整个民族文化的虐狂者，莫有不齿冷的。

　　在人类的历史中，乃至在中国的历史中，是不断地发生过"危亡的恐惧"，不断地发生过外来的压迫。在恐惧前低头，在压迫下屈服的奴才，才真正是历史上送葬的行列。

　　为文化的理念挺身而起，从理性上现实上重新反省自己，估计分析新的环境与新的事物，以使其服从于自己合理的生存欲望，这正是每一个思想家、文化工作者的责任。

　　失掉了历史记忆力的民族一定是生命枯竭而必归于消灭的民族，所以最残暴的殖民主义，必须消灭篡改其殖民地的历史。

1957.05.15

五

　　中国历史上的知识分子，与近代的知识分子不同之处，在于中国是把德行、人格，安放在知识的上位，并不以追求知识为唯一的目标。

　　真正有德行、人格的人，其良心的归结，更明显的会表现在对国家的眷恋，对乡土的眷恋之上。

人世间，若有一种学说，若有一种信仰，使人厌离自己的祖国，仇视自己的乡土，对自己祖国、乡土的苦乐利害漠不关心，甚至以"谓他人父"、"谓他人母"为一己的莫大光荣，则这种学说、信仰的本身，即是一种莫大的阴毒与欺诈。

1975.12.24

六

在目前风气下，一个知识分子，要能爱护自己的文化，除了真肯下功夫研究以外，必须具备下面三个条件；至少也要具备其中的一个或两个。一，对于自己的国家民族，有深厚的感情。二，真正研究西方文化史而确有所得，对西方文化之追求，并非出于依时的势利眼。三，对人生、社会，抱着光明正大之志愿，努力实行，备经艰苦，到了四五十岁后，能引起反省，消除少年时的意气。

1962.12.16

七

凡不关于自己个人现实上的利害得失,而对某事忽然有不知其然而然的愤悱之情,极难安的感觉,这常常是一个人良心发现的征候。

良心外发,总求不合理的归于合理,不平的归于平,因此,它必然表现为批判的性质。

1961.06.16

八

文章的分量主要系看他写时的动机,是否出于"良心的冲动"。文章的价值,与作者在写作时良心的冲动常呈正比。

所谓良心的冲动,即是对于某一现实问题,使作者感到良心的不安,觉得不把对于这一问题的看法,写了出来,便如鲠在喉,不吐不快。

1961.06.16

政治与知识分子

一

希腊的知识分子，是由商业蓄积的富裕生活而来的精神闲暇所形成的。

第一，他们不是为了求生活而去找知识；这便保障了知识的纯粹性。

第二，希腊的哲人，大体都热心政治；但政治对于他们只是一种社会活动，因而保证了个人对政治之独立性，养成西方以独立的个人立场，以社会立场，而不是以统治者的立场去谈政治的优良统治。

到了近代，知识分子是和工商业之发展而同时兴起的；其形态是以知识支持了工商业，也以工商业而支持了知识。

中国知识分子，在社会上无物质生活的根基；除政治外，亦无自由活动的天地。"游士"、"养士"两个名词，正说明了中国知识分子的特性。"游"是证明它在社会上没有根;"养"是证明它只有当食客才是生存之道。

而游的圈子也只限于政治,养的圈子也只限于政治。于是中国的知识分子,一开始便是政治的寄生虫,便是统治集团的乞丐。

1954.04.16

二

从唐朝的科举一开始,所有像点样子的知识分子都非常痛恨这个制度。因为这个制度完全是对知识分子进行驯服腐化的。你不通过这一关,你就不能做官,你在社会上就站不起来,你作诗,你的诗没有人传诵。科举制度是专制政治想出来的最恶毒的办法。

我说造成中国今天这种样子,知识分子的责任最大,这跟中国知识分子长期在专制政治环境里形成的历史性格有关。知识分子好发议论而缺乏道德勇气,何以对得起辛亥革命的先辈,何以对得起孙中山先生?

1981.10.01

三

我国知识分子，抑压于专制之下，非旷代大儒，即不能完成人格精神之独立自主；而政治主动性之完全被剥夺，更无论矣。才智之士，依附于一二悍鸷阴猾之夫，以成其所谓功名事业，则饰其所主者曰"圣君"，而自饰曰"贤相"；圣君圣贤，乃中国历史中最理想之政治格局，固不知此种格局之背后，实际藏有无限之悲剧也。

余尝谓我国历史，仅有大奸大猾之造反，而无书生之造反，此实历史之羞，亦书生之耻。

1955.11.16

四

以其知识影响社会的是知识分子；以其技术建造机械，使用机械的是技术人员。当然，有许多知识分子而兼技术人员；也有许多技术人员而兼知识分子；以致二者的分别并不明显。

技术的效用是无颜色的；所以技术人员，可以为各种形态的极权专制者所容；甚至为他们所需要。

知识接触到实际问题时,经常是以批判之力,发生推进的作用;所以知识分子必然被各种形态的极权专制者所排斥。

1968.12

近代中国知识分子的性格及言行

一

先生（注：熊十力）又反复地说：

"天下沦没于势力，知识分子丧心病狂，真有使我发生将万世为奴的感慨。一二人之力，单薄孤危，要挽救也无济于事。党人以势利相结合，尤不可言。所以我常想，应当以讲学结合有志之士多人，代替政党的作用，为国家培植根本，为社会转移风气。"

1969

二

　　这般高级知识分子的生命中还缺少一样东西，即是起码的救世精神。救世精神的内容，是无穷无限，我们不能希望每一个人都能做圣人，都能做大宗教家。但是我们只要留心人类历史，凡在艰难困苦的时代，能为人类延续文化命脉，开创文化生机的人，其内心总多少蕴蓄有一份悲悯之情，因而发生一种为人类担当责任的宏愿。

1955.03.06

三

　　概观近二十多年来知识分子的性格，其形态可略举以三：
　　一是以个人小利小害为中心的便宜主义。在便宜主义之下，决不担当一点天下的公是公非。
　　一是貌为恭顺，刻意揣摩。百说百从，百呼百诺。但实则一事不办，一事无成。
　　一是捕捉机会，肆行敲诈，获取报酬。为了表现恭顺，则集权的口号当行；为了实行敲诈，则民主的理论应手。

1954.04.16

四

中国的大知识分子,多是看上不看下,看己不看人,看外不看内的三看三不看的特性。

1959.07.16

五

当某一个人堕落的时候,当一个团体堕落的时候,当民族堕落的时候,对于自己的弱点,总不肯从自己的根源上去找原因,总不肯从自己的根源上挺身站起,而一定把原因投射到外面去,在外面找一个替死鬼来为自己负责。外面的问题不解决,便认为自己的问题也不能解决。

1954.06.01

六

文化买办,也和经济买办一样,只拿洋人的招牌来吓唬中国人,但决不像民族资本家一样,把近代生产技术,成套的和中国的人力资源、才智结合起来,以提高本国的生活水平。

我们在文化上急切需要文化的民族的资本家,把西方的文化,原原本本地介绍进来,以增加中华民族精神的营养。

1954.10.16

七

日本人要我们忘记中国的文化,内心里认为中国文化对我们是有价值的。而我们的祖国的先生们(按:指台湾的西化派),希望我们忘记中国文化,公开地认为中国文化对我们是没有价值的。

1962.12.16

八

我曾指出:班固为效忠汉室政权而作史,所以司马迁的《史记》,对汉室政权有深刻的批评,而《汉书》则作多方面的护卫。但贾山不过是一位列侯的骑马卫士,因为他曾向文帝上"至言",班固为他立传,这可以说是史家破例的特笔。

"至言"的主要内容：首先说明以秦的强大，所以二世而亡，是因为始皇对提出批评意见（谏）的人，辄加之以罪，所以将亡的现象已著，而没有人敢向他说出。由此可知接受批评与否，是兴亡的关键。其次说明皇帝的威严，是至高无上的。人臣不是置生死利害于不顾，便不敢提出批评意见。所以，皇帝应当鼓励臣民提出批评，不可加以抑压。又其次，能提出有力批评的是"士"，所以朝廷应当养士、敬士。班固认为贾山的话，说到了治乱兴衰的要点，说这种话的人，才真是为朝廷效忠的人，所以便为他立传。三千多年前的历史证明，凡是逢君之恶，长君之恶的应声虫，必然是奸贼；凡是犯颜极谏，提出人君所不愿听的政治社会问题的人，多是忠良。

1977.08.03

九

中国文化岂无流弊？线装书岂能完全解决问题？

但吴（注：吴稚晖）先生硬要说是"臭东西"，硬要"投入茅厕里"，硬要把中国的道德和"鼻涕眼泪乱迸，指甲内泥污积迭"连在一起，而证明其为"低浅"。这种结论，是用逻辑推出来的吗？是在线装书中发现有把"鼻涕眼泪乱迸"说即是道德吗？胡（注：胡适）先生称这是"很大胆的东西文化比较的论断",大胆是大胆,但这是经过了思想训练、学术操作而来的吗?

吴先生把人生看作"那两手两脚带着大脑的动物在宇宙的舞台上演他们的戏",[……]但在吴先生"开除了上帝的名额,放逐了精神元素的灵魂"的世界里,又是一种什么世界呢?古今中外的学说,是谁说过灵魂是精神的元素?

"实事求是,莫作调人"八个字是好的。但我要指出,只有知道学术甘苦的人,才能知道每一学术的界限,知道自己在学术面前的分寸。只有知道这种界限,知道这种分寸的人,才能实事求是;只有在实事求是之前,才说得上不作调人。

1954.01.13

一〇

对于一个人所作的人格上的批评,应当有一个最基本的尺度,即是某人作某种行为的目的,是否为了自己个人的利益。

一个人(注:王国维)宁愿牺牲一己的生命,来贯彻他的所信,来填补他自己感情上的矛盾,和人生上的空虚;而这种牺牲,只作为自己一个人的事,绝无意拖累到社会;则这种死,纵然从时代上去做客观的衡量,而认其一无价值,甚至是一种错误,但就死者个人的立场看,他的灵魂是可由此而得到干净，得到超升的。

　　我们纵可以从社会的立场，从时代的观点，对于这种死不加以鼓励，但总可与以同情的谅解；这即是中国俗语的"除死除走"的道理。更如何能牵涉到这个人在学问上的成就？

1957.05.01

一一

　　有人关紧房门，背着时代，干点鸡零狗碎但无关痛痒的工作，认为这即表示了学术的崇高纯洁。但夷考其实，则此种人，常常是在表面上离开现实，而事实上乃不断地向现实讨便宜。

　　揭穿了说，这是以时代的血和泪来做建造象牙之塔的水泥。

　　若以此来鸣高，并以此来向青年立教，那才真是残酷的狡狯。

1958.04.06

一二

有一位胡先生（注：胡适）的后学曾经和人说："胡先生只和我们讲讲学就好了，还谈什么自由民主，和许多不相干的人来往干什么？"其实，作为中国的一个知识分子，把自由民主的问题，能放在一旁，甘心不闻不问，而只以与世无争的态度来讲自己的学问，这种知识分子，他缺少了起码的理性良心；他所讲的学，只能称之为伪学，或者是一钱不值之学；在这一点上，胡先生会比我们知道得更清楚。

1962.03.01

一三

报纸、杂志的言论，十之八九，都是涉及作者个人以外的"共同问题"。对共同问题若没有"共同的责任感"，便没有开口、提笔的资格。

根本对自己的言论没有责任感的人，有什么资格去谈言论自由？

1963.10.02

一四

"常事不书",史家已是如此,何况是写在新闻杂志上的东西?新奇而突出的事情,很少是有教养价值,甚或是反教养价值。

在一群人中,可以有各种各样的人。但各种各样的人中,总有若干潜伏或显明的共同规范。其中可能有很突出的坏人;但支持此一社会生存发展的决不是这一类的坏人;可以有各种各样稀奇古怪的事,可以有许多见不得人的事;但此一社会的安定、进步,决不是靠着这一类的事。凡是突出的人、突出的事,常常有新闻价值;但有新闻价值的东西,并不一定是真正可以代表某一社会的东西。

任何成功的人,在生活上一定有他许多的缺点。有出息的人,便会从他成功的方面受影响;没有出息的人,便常援据他人的缺点以自证自慰。

1963.07.14

一五

乾嘉以来的中国知识分子,"为私人的名利而文化"的成分,远超过了"为文化而文化"的成分。追求文化的态度,远不及日本知识分子追求文化的忠诚热烈。

1968.05

一六

为了要确定当前某一人在学问上的地位,应当在这种学问的源流演变中来加以确定。在某一学者的本人,常自以为自己的成就是盖天盖地;但在这一门学问的源流演变中看,却不过是一枝一叶。

但百十年来,我们留学学西方的,常常把他有机缘接触到的一家之言,当作独一无二的盖天盖地的真理,首先把自己居因在里面,更以此为武器,横冲直闯,打倒一切,这是中国学术发展的一大困扰。

1971.03.15

一七

真是为了国家前途而歌颂共产党,我佩服他的热情。真是为了国家前途而批评共产党,我佩服他的勇气。以个人利益为出发点，则不论歌颂、批评，便有如某报的"赤足集"中所说的令人呕吐的蛆虫。

1973.09.27

一八

我们现代化的失败，许多知识分子，不从专制遗毒中去思考此一问题，不从知识分子自身的学习精神与造诣程度中去思考此一问题，不从升官发财、奔竞角逐的无耻士风中去思考此一问题，却把一切不进步的罪恶归到我们的语言文字上。

于是把我们由于语言特性所制造出来的表意文字完全废掉，改为罗马或拉丁的表音文字，认定这是我们进步的必然归结。表意文字，是安定性较强的文字；我们得此一文字之力，而沟通了绵邈的古与今，融合了广大的东与西，南与北。今欲一旦举而去之，使我们广大的人民，还原为文字未成立以前的意识混乱，生活孤立，古今不相及，东西南北不相通的状态。

1977.02.10

一九

弟于三十三年曾写《国民党之改造》一文,强调知识分子与农工结合,一以矫向农工学习之诈,一以去虚浮游惰之根。

1952.01.25

二〇

五十年来观察所得,知识分子常因本身学问无成、或因名利心太切,常想借政治势力以提高自己的地位与收入,而跌向左、右两极中。跌向左的常以打击中国传统文化中好的一方面做进身的手段;跌向右的常以提倡中国传统文化中坏的一方面做进身的手段。他们的名利,因此种手段而确有所获,但遭殃的不仅是中国的传统文化,而且是国家与人民。

1981.08.17

二一

人民对于政治的判断,不是出于思考,而是出于他在实际生活中的体验,再由体验推而为直观性的判断。人民对于什么政治哲学,权力斗争等,是体验不到,判断不了的。但政府官吏行为的好坏,政府施政对人民利害的多少,政府对人民讲话的是真是假,人民皆亲见亲闻,身受身领,比一般知识分子都体验得特别深切。

这是儒家主张"民之所好好之,民之所恶恶之"的根据,也即是民主政治的根据。

一般知识分子由生活而来的体验,不仅社会的意义狭小,且随其享受程度的提高,常包含有反社会的意味在里面。正常家庭出身的大专学生,一方面尚保持他的家庭生活的体验,再加上由求知而来的体验,及由团体生活而来的体验,这都是含有重大社会意义的体验。所以港台两地,对国家,对政治社会等问题,由大专学生所发出的判断,所表现的理性、良心,常远在大专教授之上,就是这种原因。

1972.07.05

教育

就求学的根本动机,及求学的整个归结来说,则一定是为了对时代负责,对国家、民族,乃至整个人类来负责。凡是可以成为知识的东西,都有学问上的价值;但其中与时代问题密切相关的,必然要摆在求知的第一位,而集注以最优秀的心灵和力量。

论教育

一

就求学时的当下精神来说,一定是为学问而学问,为知识而知识。

但就求学的根本动机,及求学的整个归结来说,则一定是为了对时代负责,对国家、民族,乃至整个人类来负责。

凡是可以成为知识的东西,都有学问上的价值;但其中与时代问题密切相关的,必然要摆在求知的第一位,而集注以最优秀的心灵和力量。

1958.04.06

二

当父母的只要能使自己的子弟受到合理的教育，使其身心有良好的发展，具备完整的人格，则当父母的责任已经尽到。

有的父母，固然不免按照自己要做的事情，去规定子女的教育方向，但稍有知识的，决不会以权威去强迫执行。因为这不仅当父母的不能完全料到他下一代的需要和环境；而且也不应把自己的希望去代替下一代自己选择、自己决定的权利。

1952.05.01

三

只要教育是合乎儿童、青年身心的正常发展，以养成他正常的选择力与担当力，则此一政府在教育上的责任便算尽到。至于下一代根据他的选择力与担当力去做些什么，这是应由下一代人的环境与意志去决定的。任何有能力的统治者，他不能完全掌握到下一代的环境，他不应彻底干涉到下一代的意志。

1952.05.01

四

就人的一生来说,大学生活,应该是相当于启蒙运动的阶段。启蒙运动的最大特色,便是理性代替权威来为每个人做主。因此,大学生是理性高于一切、怀疑多于信仰的生活时代。

1958.04.06

五

在历史中发现人类许多的灾难,主要是来自个体与群体得不到均衡;而人类在文化上的许多努力,也主要是指向如何能使个体主义与集体主义之间互相调剂。

所以大学生的道德理性实践,乃是要求个体与群体之间都能处得恰到好处,使大学里有个性的发挥、有群体的和谐,形成一个人与人之间的和平而合理的社会生活。此种生活,用中国的旧名词说,即是礼、乐的人生;(礼以别异,所以保障个体;乐以合同,所以协和群体。)用现在的新名词说,是民主的生活方式。

1958.04.06

六

语文教育,不仅是训练儿童表达自己意志感情的能力,同时也是训练、培养儿童之思考能力。

训练思考能力,是多方面的;但最基本的除了语意明确以外,便是思考的秩序。

明确与秩序,有相关的关系,一般人常说"某小孩有点思路",思想是顺着一条路线展开,这即是有了点秩序。秩序的养成,在于训练儿童作合理的联想,合理的类推。而这里之所谓"合理",主要是指由此一事物到彼一事物,中间有明确的关联。换言之,即是属于"同类"的。

所以,"知类"是训练儿童思考秩序的最基本条件。把两件以上的事物排在一起,要使儿童从中导出一个结论,这便是"知类"的训练。

1962.09.12

七

小学的"国语"以训练发音正确的语言,并培养儿童活泼的性灵为主。初中、高中的"国文"则应进而注意训练儿童、青年的想象力及思考的秩序与表达的条理。大一国文,则主要在使青年能得到起码的人文的教养。

1963.09.24

师

一

大学和中、小学一样,教员是为学生而存在,学生并非为教员而存在。凡是教书尽责的人,对学校有讲话的资格;凡是教书不尽责,或根本不能教书的人,可以说他没有讲话的资格。

1961.02.16

二

"好为人师",是对自己成就的陶醉,同时系对他人想作精神上的凌越。

1972.09.28

三

熊先生(注:熊十力)对人的态度,不仅他自己无一毫人情世故;并且以他自己人格的全力量,直接逼迫于对方,使对方的人情世故,亦皆被剥落得干干净净,不能不以自己的人格与熊先生的人格,直接照面,因而得到激昂感奋,开启出生命的新机。所以许多负大名的名士、学者,并没有真正的学生,而熊先生倒有真正的学生,其原因在此。

1968.07.11

四

《吕氏春秋》卷四的"劝学"、"尊师"、"诬徒"三篇，都是以"师"为中心而立说的。

对师的条件却有明显的规定；他们说，"故为师之道，在于胜理，在于行义。理胜义立，则位尊矣"。

"胜理"，是通达天下之理而加以担当的意思，这是知识上的成就。

"行义"，是实行应当做的事情；从尊师篇"义之大者莫大于利人"的话看，即是努力于多数人的利益的事，这是人格上的证明。

由此可以了解，尊师乃是尊敬由师所代表的知识与人格，而绝非尊敬师的空洞头衔。

"诬徒"，是利用师的名义去诳诬学徒，《吕氏春秋》的作者，认为这是最可耻的行为，特引以为大戒。

他们提出了师生合理的关系是"师徒同体"。

要如此，便须在教学上，能"使弟子安焉乐焉，休焉游焉，肃焉严焉"，如此，则弟子愿与师相亲而乐于所学。

1972.09.28

看教育

一

今日台湾的学术文化界,因十年来的精神怠工,以致全凭人情世故来处理学术文化上的问题。凭人情世故处理问题,结果必然地以"势利"来处理问题。有势利者之所是,随而是之;有势利者之所非,随而非之。

这便使少数有学术良心的人,不能不以黄老之术自全自保。

而凡是有势利者,几无不是肆无忌惮地,"凭想当然耳"讲话;这一趋向,才是今日台湾学术文化的毒癌。

1963.09.24

二

受了高等教育而不肯走向社会、无能走向社会，这是教育本身的失败。

政府应该针对这一点去用心、去下力，使学校培养出来的都是有人格独立尊严、有社会职业观念的青年。

1952.05.01

三

目前大学教育，概括言之，正面对着两大难题。一是如何调整学问的分化与学问的统合的问题。二是如何调和社会需要与高深研究的教育基础的问题。

1962.08.04

四

例如"教育部长"黄季陆先生，他年来正大力把台湾的大专教育，驱向聪明之途，让最缺乏师资、设备的学校，收最多的学生;因为他由此而可以广结善缘,出卖任何人也做不到的人情世故。

1963.10.01

五

我和一位对西方文学很有研究的先生(注:黎烈文先生),谈到这类的问题,他感慨地说:"没有那一国的大学文学课程不是教古典的。也没有那一国的大学文学系是文艺创作训练班。但今日在台湾,对这些问题不能开口,一开口,便有不三不四的人,和你纠缠到死。"

1964.10.05

六

史学界今后应留心研究亚洲各国史,这是没有疑问的。现时日本的史学界,正以把"支那学"扩大为"东方学"自豪。这不是能收功于旦夕的事。

亚洲许多民族的历史,常只能通过中国文献才能找出点线索；可以说，没有"支那学"，便很难成立"东方学"。

经过专门研究的结论，才能编入于教科书之中。假定连大学的史学教授，甚至整个的史学系、史学界，还不曾开始这种研究，而即希望通过教科书去要中学生有这种历史知识，未免"见卵而求时夜，见弹而求鸮炙"了。

1962.09.01

七

大学文学院的课程，多半是为了奠定继续作高深研究的基础而设计的。但大学毕业之后，只有极少数学生进研究所；绝大多数的学生，是向社会求业。

中文系毕业的学生，懂得了声韵学，但不懂得办公文；英文系毕业的学生，懂得了莎士比亚，但不懂得英语会话乃至商业文件，这对就业而言，可以说是一种讽刺。

1962.08.04

八

"中央"研究院应成立中国思想史研究所,以苏醒中国文化的灵魂。使孔、孟、程、朱、陆、王能与"北京人"、"山顶洞人",同样地在自己国家的最高学术机构中,分占一席之地。

1968.07

九

"读书应顺着个人的兴趣去发展"的原则,我认为不应当应用到大学生的必修课程上面。一个人的兴趣,不仅须要培养,并且须要发现。

凡在功课上,过早限定了自己兴趣的学生,不是局量狭小,便是心气粗浮,当然会影响到将来的成就。

认真读书的大学生,对大学的必修课程都应认真的学习。并且课外阅读,也应当以各课程为基点而辐射出去。

1959.01

一〇

根据我多年来的观察，凡是惰性而又加上破坏性的口号，最容易受到青年的欢迎。因为是惰性的，可以不要听的人费气力；因为是破坏性的，又可以使听者觉得我所不必费气力的，都是无价值的。这便可以惰性得心安理得，并且可以满足青年人自满、自大的心理。

1959.03.02

一一

我更愿意借此机会劝告现代的青年，不要以做一个中国人为可耻，不要以研究中国文化为可耻。文化是历史的积累；一个人的精神状态，能接受自己祖先文化的遗产，一定也能接受世界文化的遗产。对于祖先文化遗产的变态心理，不会面对世界文化而能立即恢复正常。

要知道，在祖国里没有我们的立足地，便在世界任何地方，也没有我们的立足地。

1957.09.05

教 育

一二

现时中学的中国文化基本教材，在教材选择方面，把许多可作明确解释，并有现代意义的不选，却偏偏选择些难作明确解释，及没有现代意义，或不易为儿童青年所了解的东西在里面。

1966.12.01

一三

中国传统知识分子，缺少事业精神。所谓事业精神者，即在能适应客观之基本要求而讲求实际之办法，求得实际之效率是也。私立学校，应以企业精神，逐步求取经济基础之建立。

1958.01.01

一四

吴大猷先生对台湾确实已提供了两大贡献：一是提议规定各大专学校负院、系行政责任的人，应当有一定的任期；三年一任,最多能连任一次。另一是向报界呼吁,不要用太夸张的文字,渲染短期回国的学人,以致引起在台湾做学术工作者不良的心理反映。

1968.08.02

一五

大人先生们!台湾在教育方面有这么多的人力物力,可否分点出来,做做下面两件事呢?

拿一笔钱出来,收集各国小学的教科书、儿童读物,在三、五个月内做一比较研究,也作为改革现有教科书的参考。

再是划出专款,鼓励作家写启发儿童心灵的读物,合格的除了帮助印行外,并每年送三万到五万台币的文学奖金,这岂不是化无用为有用吗?

在目前说,罪莫大于残害第二代,功也莫大于拯救第二代。

1974.11.01

文化

由此可知所谓文化，简单地说，可分为两点：一是对人的价值的发现，因而奠定人的地位与生存的方向。一是对人的视野的扩大，把遇见的问题能作关联性的思考；由这一方面，关联到各个方面去思考；由眼前关联到过去与未来去思考。缺乏这种关联性的思考能力，而凭一己几希之明来运用巨大的组织能力，我想这是人类归于毁灭的重大原因之一。

传统与文化

一

传统，是某一集团或某一民族，代代相传的生活方式和观念。因为是代代相传，所以从时间上看，有其统绪性；因为是某集团的，所以从空间上看，有其统一性。

传统是具备五种基本的性格或构成的因素。缺一种性格或因素，就不能成为传统。

（一）

民族性——民族是由血缘、语言、文字、共同利害等许多因素所逐渐形成的。必须酝酿出共同的感情愿望，并产生共同的生活方式，某一集团才会以民族的成员出现于历史舞台之上。所以离开了民族，便无所谓传统；离开了传统，也无所谓民族。

（二）

社会性——传统是社会性的创造，它即生根于社会之中。

（三）

历史性——传统是大多数人在不知不觉中共同创造、约定俗成的。传统一定要在历史的时间之流中才能产生、形成。传统与历史是不可分的。不了解历史的人，一定不能了解传统。

（四）

实践性——凡所谓传统，大多都是与人们具体的生活关联在一起。换句话说，一般所说的传统，不是存在于书本或讲坛之上，而是生存于多数人的具体生活之中。

（五）

秩序性——凡是谈到传统的，一定连带谈到秩序，认为传统是代表一种共同生活的秩序。这里所说的秩序，是就个人与群体的谐和、自由与规则的谐和来说的传统，乃是大家所不约而同的共同生活的方式。

1962.03

二

什么是传统（tradition）？简单地说，他是某一种集团所代代相传的共同生活样式及观念，在时间上因为是一脉相传的，所以有其统绪性；在空间上因为是共同承认的，所以有其统一性。

传统所包含的五种特性，即是它的民族性、社会性、历史性、实践性、秩序性。前三者又可以说是它的构成因素，后二者又可以说是它的存在形式。

民族，是由血缘、地缘、语言、文字、共同利害等许多因素，互相发生作用，所逐渐形成的。不过，上面的许多因素，一定要到酝酿出共同的感情、共同的基本观念，以形成共同的生活习惯，亦即是形成所谓传统的某一集团，才会真正以其民族特性，出现于世界舞台之上。

世界上没有无民族的传统，也没有无传统的民族。民族意识的觉醒，一定伴随着某程度的传统意识的觉醒。

每一个人，都要过着社会性的生活。不过，在一群人中间，必须彼此不必说明理由，而即能互相了解各组成分子的日常生活行为，因而能得到有形、无形的合作，这才能构成一种社会生活。只有通过传统，才有可能。

每一种风俗习惯乃至观念，能得到大家无言地承认而成为传统，必须经过时间的酝酿。

因此，传统必然是历史中的产物。一个人，必须通过历史的感觉,才可在意识上把握到传统。

某种观念之能成为传统,必须这种观念须浸透于社会实际生活之中。传统乃存在于大众生活实践之中;在实践的后面,固然一定有为一般大众所未曾了解的观念作根据、作支持。这种观念,主要是属于文化中形成人生态度的价值系统。

"价值"才是传统的主要内容。

人在传统中才能得到生活的秩序(这里所说的秩序,不是理论性的;而是指集团生活的秩序而言)理论性的秩序,必须将异质的东西排斥出去。可是人与人的生活,一定会包含许多异质的东西在里面。这些异质的东西,经过了大众的折衷承认,即成为传统。

传统的秩序,乃是个人与群体间得到谐和的秩序。

1962.04.08

三

传统的横断面可分为两个层次。一是"低次元的传统",另一是"高次元的传统"。

一切风俗习惯,也就是民俗学所研究的范围,都是属于低次元的传统。它有两个特性。

第一,它的精神意味比较少,而是多半表现在具体事象之中。

第二，它是被动的，即是所谓"百姓日用而不知"的。

因为是具体而又缺少自觉，所以它是静态的存在。因为是静态的存在，所以它便富于保守性。有许多是合理的，也有许多是不合理的；有许多是可以适应时代的，也有许多在时代上是落后的。并且它没有自己批判自己的能力。

高次元的传统，则是通过低次元中的具体的事象，以发现隐藏在它们后面的原始精神和原始目的。它常是由某一民族的宗教创教者、圣人、大艺术家、大思想家等所创造出来的。它含有下面几个特征：

第一，它是理想性的。这正如基督教的仪式是低次元的，但它的博爱却是高次元的，是理想性的。

第二，因为它必须经过人的自省、自觉而始能发现，所以一经发现，它对低次元的传统，也一定是批判的。因为是批判的，所以，第三，它是动态的。

第四，它是在不断形成之中，是继承过去而又同时超越过去的。

1962.03

四

有力的传统的形成不仅需要传承，也须要反抗。但在传承中要有发展，所以传承而不至于僵化。在反抗后依然能得到谐和，所以反抗而终不至于横决。

在传承中有发展，关系于知识分子的学力，也关系于知识分子的良心。在反抗后得到谐和，同样关系于知识分子的学力，更关系于知识分子的良心。

民族国家的大利大害，是衡断文化、汇合文化的最高标准。在民族国家大利大害之下，对传统所作的传承或反抗，自然不能不使其发展，不能不使其谐和。

1966.09.16

五

反传统的人，若把反传统的思想，在自己的生活行为上实现，便一定是反社会，或是从社会中孤立起来的人。

反传统的思想，要得到社会大众的支持，只有通过两种途径：

一是随时间之经过而让自己的主张加入于传统之中，以形成新的传统，有如今日的白话文，等等。

另一是展开所谓"社会运动",有计划地对社会加以说服或强制,有如许多革命者之所为。

1962.03

六

由生活的目的性、理想性所建立起来的东西,我们才可称为文化。生活与文化之间,并不能简单画上一个等号。

文化一定是从现实生活中升华起来;并且升华以后,依然应当,并且也必然会落实,和扩大向现实生活中去;因而生活与文化,常常是紧密相连。

文化,是不断地在变迁;文化的变迁,有的是出于自然的趋向,有的是出于人为的努力。

文化的变迁,是不会成为问题;所成为问题的,是文化在如何的变迁?以及应当如何去变迁?文化上的争论,大体是从这里发生的。

1960.04.12、13

七

整个文化的横断面，也可以分成两个层次。一是"基层文化"，另一是"高层文化"。

基层文化，即指的是社会所传承的低次元的传统。高层文化，则是少数的知识分子，对于知识的追求、个性的解放、新事物的获得、新境界的开辟，所作的努力。

基层文化是无意识的，是保守的，是以社会性为主的。而高层文化，则是由知识分子个性的觉醒所产生出来的；它是前进的、解放的；常表现为要求自传统中解放出来。因此，它便常常要求打破传统。

无论哪一国的文化，一定都包含这两个部分。没有无基层文化的民族，也没有无高层文化的民族。

人的要求，常常是相反相成的；人一方面要求进步，一方面又要求安定；一方面要求自由，一方面又要求有规则；一方面喜新，一方面又念旧。

高次元传统的作用，是在融合解消两层文化的冲突，使这两层文化得到折衷而构成生活上的秩序、谐和的。

高次元传统的自觉，必来自对民族、社会、历史的责任感。这种责任感，才是创造文化最有力的动机，并成为创造过程中的一种规整大方向的权衡力量。

1962.03

八

高层文化与基层文化,一是前进,一是保守;一是重自由,一是重规律;所以二者之间,是要发生矛盾冲突的。

一个安定而进步的民族,必定要使两个层次的文化,并进不悖。

1962.04.08

九

能在历史中长期生存发展的民族,其文化的主流,必具备有三种永恒性的功用:

一是维持人的正常生活状态。

二是维系人与人之间的和谐、团结。

三是维护民族的生存,及善尽民族对人类的责任。

孔子之教毕竟是中国文化的主流;为什么在经历许多苦难中,我们民族、也只有我们民族,能始终屹立不动。

孔子所说的"克制自己的私欲,以恢复应有的正常合理的生活形式"的"克己复礼",也就是在答复另外一位学生时所说的"居处恭,执事敬,与人忠,虽之(往)夷狄,不可废也",这都是三种功能中前两样功能的源泉。

1960.07.16

一〇

一切的生活,除了衣、食、住、行的物质条件之外,还要靠辨别善恶、美丑的价值判断,并对于这种判断加以信任,才能得到精神上的支持,因而得到生活上的自信与充实。

价值判断成就各人的人生观、世界观,指示各人以生活的目标,提示各人以生活的意义。价值判断的总汇,即成为历史的目标,历史的意义。人们不能离开价值而生存,也和不能离开衣食住行而生存是一样。

1961.06.09

一一

概略的说,决定人类的命运有两大基本因素:一是人对物的关系,一是人与人的关系。人对物的关系,是指人对自然的开发、利用,及由科学知识与技术,创造新的生活条件等而言。人与人的关系，是指人与人相互之间，是由协和而得到安定，抑或因矛盾而发生冲突等状态而言。

中国文化，常偏倚于人与人的关系；而西方近三百年来，则多偏倚于人对物的关系上面。

1965.01.16

一二

由此可知所谓文化，简单地说，可分为两点：一是对人的价值的发现，因而奠定人的地位与生存的方向。一是对人的视野的扩大，把遇见的问题能作关联性的思考；由这一方面，关联到各个方面去思考；由眼前关联到过去与未来去思考。

缺乏这种关联性的思考能力，而只凭一己几希之明来运用巨大的组织能力，我想这是人类归于毁灭的重大原因之一。

1977.04.19

一三

每一个人的生活,是由两大因素构成的。一是由历史文化构成生活的格调,一是由衣食住行构成生活的条件。

1972.08.18

一四

在许多文化活动中,必须有以"铸造人"为任务的文化,成为其他文化的骨干乃至母体。若以铸造人为任务的文化失掉了效用,而又没有另一种新文化来加以代替,则人的价值观、人生观,将模糊、混乱而归于消失,对其他方面的文化活动,也将因人自身"能源"的枯耗而也渐归于荒废。于是这一系统的文化及其担当者,也只有走向没落的命运。

站在中国的立场来说,所谓儒家哲学,道家哲学,都是人生教养之学,都是塑造价值观、人生观的哲学。但西方的哲学,只是知识活动的特殊形态;对人生而论,它不负教养的责任,因之,也不直接担负价值、人生观的塑造、形成的责任;西方文化系统中,担当人生教养责任的、担当人生观的塑造形成的责任的,是宗教。

1973.04.11

一五

文化是由历史积累而来,所以称为"历史文化"。

"历史文化"的意义,一方面是由对自己国家民族之爱,而自然感到对自己的历史文化有种责任感。另一方面是对自己国家民族所面对的问题,能在反省中发现自己历史文化所留给我们的教训。

谈到道德问题时,必然感到道德与"传统"(历史)不可分,因为道德必需在传统中得到实践、得到证明、得到熏陶教养。

1980.03.01

一六

包括文、史、哲的历史文化研究工作,有两个层次。一是知识的层次,以求真为目的。二是教养的层次,以求善为目的。教养的层次,必植基于知识的层次;而知识的层次,也应归趋于教养的层次。

1980.07.29

一七

"现在"才是现实生活的具体内容。但不仅现实生活所凭借的物质,主要系依赖"过去"所蓄积而来,因而使人不能不回顾"过去";并且在人类的精神生活中,有一种自然而然地要求自己的生命有一个来源的冲动,因而为了知道自己生命的来源,做过了不少的共同努力。这种努力,常常形成人类文化的重大财产。

要求知道自己生命来源的精神冲动,是人类一种感情的活动。这是带有永恒性、普遍性的一种感情。

所谓"未来",可以缩短到对于"今天"而言的"明天"。生活中的"明天",可以无限的延伸、扩大,可以延伸到自己子孙的瓜瓞绵绵;可以扩大到人类整个的历史命运。

对明天的绝望也即等于对自己生命的绝望。人类积极性的努力,都是为的有了今天,还要有更好的明天的。

1960.04.22

一八

人类实际是生活在"过去"、"现在"、"未来"所连接的"历史之流"里面。但此种实际连接的情形,并非一般人所能了解。于是,便有少数特出的人物,出而担当这种解述的任务。

最先出现的是各种民族起源的神话,接着便是宗教。

宗教的主要内容,便是要把每一个人的过去、现在、未来,很紧密的连接在一起。因果报应之说,解答了潜伏在个人精神内,要把过去、现在、未来,连接在一起的要求。基督教的上帝七日造人及末日审判,在基本性格上,与佛教也无二致。

1960.04.22

一九

人类是以现在为基点而通到过去,联想未来的。

在稳定的"现在"中,人们只以纯知的态度想到过去,以浪漫的态度想到未来;这种过去、未来,仅是对于人们享受"现在"的陪衬。

若"现在"已经失掉了它的稳定性,人们已经感到把握不住自己的现在,便常会以求救的心情想到过去,以忧郁而迫切的态度想到未来。此时的未来,乃真成为思想家精神之所萦绕。

1960.04.22

二〇

　　精神上作为一个中国人而站起来的基本条件，是支持现实生活的一套集体的价值观念；是共同的大是、大非、大善、大恶的观念；是怎样才可以算得是一个人、怎样便不能算是一个人的观念，集体生活之所以能形成，能向前推进发展，必须有这套观念作纽带、作动力。

　　集体价值观念之形成，是在历史中受到长期的考验，受到长期的浸润，才慢慢地与每一个人的血肉，不知不觉地连接在一起。此即所谓"文化遗产"。

　　有文化遗产，才有集体的价值观念；才可作为一个中国人而堂堂正正地站了起来。

1977.02.17

二一

　　一个民族的光荣伟大，主要是表现在对自己文化的传承和对外来文化的吸收。在文化上不能传承和吸收的民族，是生命力已经僵化了的民族，因之也决不是能创造文化的民族。

1953.08.16

二二

人类历史中，只看见有的民族消灭了，但其民族的文化，依然由另一民族所传承而不绝的事实。断乎没有民族未消灭，便首先会消灭其自身所创造的文化。

1952.05.01

二三

一个有长久历史的民族，在国际上认为这一民族的传统文化，是一钱不值的；难道说属于这个民族的各个人，在国际上还能值得半文钱吗？所以用骂自己文化来出风头的人，他所出的乃是汉奸的风头。

1966.12.01

二四

日本大儒之一的伊藤仁斋，在《论语》每卷的卷首，都写上"最上至极，宇宙第一"八个字，由此可窥见其无限虔敬的精神。由日本儒者此种虔敬的精神,所以儒教是中国的文化,也是日本的文化;孔子是中国的圣人,同时也是日本的圣人。这还有什么民族的隔阂,乃至民族的高低?

西方的国家中,假定有人以基督是希伯来、苏格拉底是希腊,而认继承其文化大统,会有民族的问题,那才真是笑话。

1953.08.16

二五

何谓国族主义?国族主义有什么危险?我都不能十分理解。

意大利初期的文艺复兴,与其说是回归向古代的希腊,毋宁是回归向古代的罗马。古罗马文化,是他们祖先的文化,是他们的传统;文艺复兴,与意大利人的民族自决、国民精神的自觉,有不可分的关系。

此一时代潮流,表现在日耳曼民族,则由他们的神秘主义而直通向希腊的形而上学,结果则以路德的宗教改革的形态来完成。

没有民族感情,便没有文化复兴的动力。此种感情,乃人类所以能生存、延续、发展的基本条件之一,也是人之所以为人的基本特征之一。

此种感情的横决，必然是来自政治野心家的一时的煽动，而决非来自文化工作者之手。

对本国文化怀有敌意者，不配谈本国文化。

1967.01.01

二六

我可以得出这样的结论，人在发展中的生命，是把过去、现在、将来，融合成一个整体，以形成他的人生的内容。拿"复古"当作罪名，把"思古之幽情"用作讽刺，只证明这种地区人们的生命力，正在干枯腐烂之中。

1977.08.26

二七

能在生活上生根的伦理道德，必然是自己民族长期积累的伦理道德。

1973.06.01

二八

传统文化，怎能和现代连接得起来？我简单地答复：

第一，历史归历史，现代为现代。我们岂能以现代的需求去要求历史？这对历史的正确认识，是现代人在知识上与精神上的不容自己的要求，没有这种要求，只证明某些人的成长有了问题。

第二，我们应把发展的观念、实践的反省，应用到传统文化中去，即可发现传统文化与现代，是亲合地连接在一起，并给现代生活以力量。最浅显地说："不患寡，而患不均"、"货恶其弃于地"、"力恶其不出于身，不必为己"，为什么不可发展为社会主义？"舜禹之有天下也，而不与焉"、"民为贵，社稷次之，君为轻"，为什么不可发展为民主主义？"己欲立，而立人，己欲达，而达人"、"己所不欲，勿施于人"、"主忠信"、"居处恭，执事敬，与人忠"，假使是真有实践自觉的人，把上面这类话，对照着自己，能说是不相干的话吗？

第三，是发挥批判精神，以人格、人民、国家，为批判的标准，则我们在传统文化中，自然可以看出人类应走的路。

1977.08.3~10

儒家文化

一

儒家不是宗教,但其贯一的精神,能贯注于实际人生之普遍而且长久,非世界任何"一家之言"所能比拟;所以也不妨称它为中国的非宗教性之伟大宗教。

儒家之所以能成为中国之基本文化,其原因在社会而不在政治。

从历史上看,儒家精神,是浸透、滋荣于社会之中,而委曲、摧抑于政治之下。

1952.05.01

二

盖儒家之基本用心,可概略之以二。

一为由性善的道德内在说,以把人和一般动物分开,把人建立为圆满无缺的圣人或仁人,对世界负责(《论语》:"若圣与仁,则吾岂敢。")。

一为将内在的道德,客观化于人伦日用之间,由践伦而敦"锡类之爱",使人与人的关系,人与物的关系,皆成为一个"仁"的关系。

性善的道德内在,即人心之仁。而践伦乃仁之发用。所以二者是内外合一(合内外之道)、本末一致而不可分的。

1952.05.01

三

内在的道德性,若不客观化到外面来,即没有真正的实践。所以儒家从始即不采取"观照"的态度,而一切要归之于"笃行"的。

要笃行,即须将内在的道德性客观化出来。于是儒家特注重"人伦"、"日用"。

人伦是人与人的正常关系;日用是日常的生活行为。

孝弟乃儒家学说之总持。

以仁为中核之人性，内蕴而不可见，可见者乃不期然而然的爱亲敬兄之情。在此等处看得紧，把得牢，于是人性之仁乃有其着落、有其根据，而可以向人类扩充得去。

1952.05.01

四

儒家内在的道德实践，总是归结于人伦。而落到现实上的成就，大体是从三个方面发展，一为家庭，二为政治（国家），三为"教化"（社会）。

儒家精神生根于家庭之中，于是家庭成为中国社会的生产与文化合一的坚强据点。

中国社会，遇有重大灾害威胁的时候，大家可以退保于家庭，再环绕着一宗族，以形成灾害的最后防御线。等到灾害减轻，即可由家庭宗族中伸出来，恢复其生产与文化的社会完整性。

但因历史条件的限制，儒家的政治思想，尽管有其精纯的理论；可是，这种理论，总是站在统治者的立场去实施；而缺少站在被统治者的立场去争取实现。因之，政治的主体性格始终没有建立起来，未能由民本而走向民主。

有人怀疑儒家思想是否与民主政治兼容,这全系不了解儒家,且不理解民主之论。

凡在思想上立足于价值内在论者的,即决不承认外在的权威。今日欧洲的民主主义,系奠基于十八世纪之启蒙运动。而启蒙运动之思想骨干系自然法。自然法思想导源于罗马,罗马之此一思想渊源则来自希腊末期之斯多噶派。继自然法思想而起之功利主义,乃资本主义与民主主义在英国结合之特殊产物;美国杰佛逊们的民主运动,即仅受自然法之影响而未受功利主义之影响。故美国之民主主义,更富于理想性。在十八世纪以前,由马丁·路德之宗教改革而来的良心之自由,其对近代民主之影响,无人可加以否认。而路德实受有德国神秘主义之启示。

儒家的政治思想必归结于民主政治,而民主政治之应以儒家思想为其精神之根据,凡态度客观的好学深思之士,必不会以此为附会之谈。

孔子之精神,实系伟大宗教家之教化精神。毫无凭借,一本其悲悯之念,对人类承担一切责任,而思有以教之化之。

孔子对于现实政治,皆采取一种可进可退之随缘态度,如曰"用之则行,舍之则藏"。"邦有道则见,邦无道则隐"。

但一谈到教人的这一方面,则"教不倦"常与"学不厌"并称,与"学不厌"同其分量。"有教无类"的对于人类的信心,对于人类的宏愿,真可含融一切有生而与其同登圣域。

从这种站在社会上来对人类负责的精神,才真显出"人伦"观念之基本用心，与其含弘光大。

1952.05.01

五

中国的伦理思想，不是在神话中找根据，而是在人自己生命中求得根据；所以只能对科学有所增益，决无所障碍。讲宋学的曾国藩、讲中学为体的张之洞，当他们大力从事科学事实上的移植时，从不曾在观念上感到有半点扞格。即是这种原因。

1966.09.16

六

人格尊严的自觉，是解决中国政治问题的起点，也是解决中国文化问题的起点。

一旦能自觉到其本身所固有的尊严，则对于其同胞，对于其先民，对于由其先民所积累下来的文化，当然也会感到同是一种尊严的存在。在人类共有的人格尊严的地平线上，中西文化才可以彼此互相正视、互相了解。再互相正视、互相了解，吸收西方文化。

我不认为在买办式的精神状态下，甚至是在乞丐式的精神状态下，能有效地吸收世界文化以发展自己的文化。

1957

七

中国的人文主义，它是以中国的传统文化作它的内容。我们简单地把它表达出来，即是宗教上所说的山上垂训的黄金律。

这种道德的内容，在中国文化中，是要求在每一个人的生命中间找到它的根据，要求在每一个人的生命中间得到它的证明，并且要每一个人用他自己的力量，来加以实践，加以实现。

中国的人文主义和西方的人文主义，最大的不同点，是在中国的人文主义的本质上，在它不受到宗教的排斥时，便没有和宗教对立的问题。

1962.02.01

八

中国文化,乃立基于良心之上。良心的作用,乃是当下而直接的照察、判断。这种照察、判断,也构成某些观念,有如仁、义、礼、智等;但这些观念,必须扣紧良心,印证良心,乃使有其意义。亦即是要在良心照察之中始有其意义。不应把它当作纯观念来处理。在良心照察之下,当然有是非的判断;但是者是人,非者也是人。既都是人,所以曾子便说"如得其情(得犯罪之实),则哀矜而勿喜"。以哀矜之心处置罪人,自然要谨慎,自然反对残酷。

1973.01.20

九

以"心"为道德的根源,以"生"为一切价值的基础,正是中国文化的一体两面。

1965.09.10

一〇

中国文化，一忧患之文化也。《大易》乃吾族由自然生活进入人文生活之纪录，故实吾族文化之根源。《系辞》曰："作《易》者其有忧患乎？"又曰："明于忧患与故。"故乾坤之后，受之以屯蒙。屯蒙者，忧患之象也。乾坤既以易简知天下之险阻；而屯则"动乎险中"，蒙则"山下有险"，"君子以果行育德"。屹立于忧患之中，不畏怖堕退，且即挺身以担当一世之忧患而私有以解消之，于以保生人之贞常、迄民族之命脉，中国文化之所凝铸住而绵续着，盖在乎此矣。

余以为中国忧患之文化，有宗教之真正精神，而无宗教之隔离性质；呼唤于性情之地，感兴于人伦日用之间，使人得互相抚其疮痍，互相其敬爱，以消弥暴戾杀伐之气于祥和恺弟之中；则人类自救之道，意在私乎！意在私乎！

1954.07.30

一一

弟近讲中国宗教，由敬天思想，以迄禅宗、净土，发现中国文化性格总是要求由外向内敛之之倾向，由宇宙论转向人性论之倾向，甚为明显。在孔子以前之敬天思想，系由宗教精神

（外在的）向人文精神逐渐下降。至《诗经》《尔雅》时代，此外在天的观念，已完全堕落，到孔子而人文精神始真正生稳根。孔子系由道德的人文精神上升而重新涵摄宗教精神，重新肯定敬天思想。儒家中之宗教精神，只是由内在的道德精神超越化。孔子之"知天命"，实系由外落实内向，再由内超出之大转捩点。由外向内的落实，至孟子之性善说，始真归根到底。孟子由尽心、知性、知天，内在而超越之意更显。

1957.12.11

一二

"天命之谓性"，正式把性和命结合在一起。

命是代表道德普遍性的一面；性是道德成就在各个人身上的，即是道德的普遍性，在具体之人中间的实现，所以性是代表道德的个别性、特殊性的一面。

仅说命而不说性，则道德与具体的人之间尚有一个距离；使具体的人，向上追求，以填补这个距离，将会只注意到普遍性的一面；用现代的术语说，将走向抹煞个性的全体主义。

相反的，若只强调性，而不连上命，则所谓性，将只是一种具体的、生理的存在，在生理个体的相互之间，将发现不出一条真正可靠的通路因而会成为闭锁性的个人主义。

真正道德的善，必须从个人通到群体中去，亦即必须由性通向命。性与命融合在一起，即是普遍与特殊、群体与个体、形上与形下，融合在一起的境界；这是中国人性论不同于西方人性论的一大特色。

1960.07.16

一三

大家谈中国道德问题，把两个层次混同了。一是主观层次，一是主体层次。道德发自主体，道德行为是由主体发出来。主观与主体是很有分别的。很清楚的，"主观"是由主体来克制的，"克己复礼"，"克己"就是克制主观，由克制主观，就见到道德主体的作用。

若说中国传统没有客观标准，是不正确的。孟子谈义，政治上，统治者的义，是要和人民站在一起，是代表人民。孟子要求与民同乐，统治者的利益和人民的利益互相一致，此之谓"义"，这当然是客观标准。

站在一个人来讲，能克制自己私欲，尊重别人，也是有客观标准。恻隐之心，人皆有之，当然是客观标准。

1976.05

一四

朱元晦以"虚、灵、不昧"四个字,说明在人身之内的心的作用。

因为虚,所以人类能接受各种知识。

因为灵,所以人类能作古今中外的价值判断。

因为不昧,所以人类能从各种黑暗混乱中透出来,以把握事物的真相,继续发挥是非之心于艰难困苦中。

1976.07.15

一五

由孔子的伟大人格所透出的语言,有两种特性。

一是在群体生活的连带感中,建立个人的行为规范。

一是在现成而具体的指点中,显现出无限性的精神境界。

1976.11.07

一六

孝悌,是发乎人性的自然;赖它而团结家庭,安定社会。平时由此而扩充为人类之爱,乱世常发而为冒险犯难,为骨肉作死亡中的挣扎。

1979.02.10~14

一七

中国文化,是以儒家为主流,以道家为副流。我从儒家思想中试提出"刚毅忠恕,己物双成"的人间相,从道家思想中试提出"淡泊宁静,与物为春"的人间相。

刚的内容,是来自超过了私人欲望,以坚持社会是非正义的刚正、刚直之人。

毅是担当责任,百折不回,贯彻始终的精神。

"尽己之谓忠"。竭尽自己的力量来做自己的事,这是忠的一面。竭尽自己的力量去承受他人的委托,这是忠的另一面。

"推己之谓恕"。把自己的要求,推扩到他人身上去想想;推扩到社会大众身上去想想,此之谓"推己"。"己欲立,而立人;己欲达,而达人"。这是恕的一面。"己所不欲，勿施于人"、"施诸己而不愿，亦毋施于人"，这是恕的消极的一面。

刚毅忠恕，是中庸智、仁、勇三达德的实践。

诸葛亮所说"非淡泊无以明志，非宁静无以致远"的两句话，出于淮南子；我感到这两句话表达的道家消极中的积极性，与老、庄原旨相合。"与物为春"出于庄子，我认为这是道家超世而未尝离世、且进而与社会与自然得到谐和，共其生命的最高而又最实的境界。

淡泊，我以为就个人生活的物质享受而言。

宁静是指个人不被名利之念所扰动的精神状态而言。

领受自己生命的喜悦，同时即感到与社会、自然是同一生命，同一喜悦，此之谓"与物为春"。

我很欣赏汉代许多思想家，以道家思想安顿现实生活；以儒家思想担当社会政治的责任。

1981.09.01

一八

礼与义，是两个有独立性的德目。但中国把"礼义"联为一词，已成为传统文化中的一个极普遍的观念。

礼是礼节，指的是人生、社会、政治，各种合理生活行为的形式。义是正义,指的是各种行为合于客观原则及大众利益的内容。

礼是行为上合理的形式,义是行为中合理的内容。没有合理内容的形式,那种形式会流于虚伪、僵滞;有权力、有聪明的人,便藏在这种虚伪僵滞的形式后面,利用它做束缚人性、榨压大众的护身符;"礼教吃人"的呼声,并不是完全没有道理。

礼的本身是应适应时代而变迁的,所以《礼记》说:"礼时为大。"失掉了以正义作内容的礼,是应当否定的;以正义为内容的礼,却不应当否定的。礼不能离开义而孤立存在的。

义是行为中合理的内容。有形式而无内容的弊害,容易为一般人所察视。但有内容而缺乏合理形式的弊害,却不容易为一般人所察觉。其原因不外一般人以为只要内容合理,形式便自然合理;或者以为只需计较内容,不必计较形成,于是觉得义可以离开礼而孤立的存在。我称这种没有礼的正义,是"裸体的正义"。裸体的正义会得到与正义相反的结果。

1961.06.27

一九

但实际,以人文为主的中国文化,在佛教进入中国而得到发展以前,根本不曾出现过唯心论。孔子只从"四时行焉,百物生焉"去认识天。天的道德性,完全是由人对道德的要求与伸长所投射上去的。老子的道,很难作唯心、唯物的"一义性"的解释。孟子庄子所强调的心,指的是人的身体之内的"方寸"之心,与西方所谓唯心论的心,相差十万八千里。

1977.08.3~10

二〇

数十年来对中国儒家批评之一是重人治而不重法治,使政治不能在巩固的轨道上运行。但儒家实际是人治、法治并重的。

不过,儒家乃至整个中国文化,在法治上留下最大的漏洞,一是专重人民的好恶,但如何能使人民表达自己的好恶,并使统治者不能不加以尊重,没有想出办法来。

另一是政权究应以何方式,得以和平转移而不乱,也是两千多年来束手无策的。

1976.10.26

二一

从大的方面说，凡是真正的儒家，都不能为一般人所了解，而常成为四面不靠岸的一只孤独的船。孔子说："君子群而不党。"又说："君子周而不比。"又说："君子之于天下也，无适也（不专听从任何人），无莫也（不专拒绝任何人），义之与比（唯合于义者则从之）。"上面的几句话，简单说明了儒者向一切人类，敞开自己的心量，而自然笃厚于自己族类之爱。但人世间则只有"党"而无"群"；只知道"比"而不知道"周"；于是要求只"适"于其党，而"莫"于非其党。及发现一个真正儒者的心灵，只能属于人类，只能属于自己的族类，而不属于任何的党时；并且发现泰山岩岩的义的气象，使人世间各种威胁利诱之技，毫无所施时，自然也会从各方面来加以拒斥、打击。则熊先生之不能被世人所了解，正是儒家的本分；也正是儒家所以能"参万世而一成纯"的本领。

1968.07.11

二二

"五四"系以真诚的爱国感情而开始的。则在此运动中，应拿出中国的光明一面，以批评发生流弊的一面，因而迎接西方的民主与科学，这才适合于历史上一般文化转进的常轨。

可是当时的领导人物，多心浮性急，恨不得把中国的东西一锄挖尽。正如太平天国在民族口号之下，只留下躯壳的"长毛"，却去掉民族精神的文化，其无结果可以说是命定的。

他们承西方经验主义的末流，绝对排斥理想主义，认为这是虚妄而骗人的东西。但历史上，凡是发生影响的思想，都必以某种形式包含理想主义的成分。

1952.05.01

二三

现代谈中国哲学史的人，几乎没有人能从正面谈孔子的哲学，更没有人能从《论语》谈孔子的哲学；这些先生们，心里看不起《论语》，认为里面形而上的意味太少，不够"哲学"，只好从战国中期前后成立的《易传》下手；因为《易传》中有的地方开始以阴阳谈天道，并且提出了"形而上谓之道"的道理，这个道才勉强有哲学的意味。

对中国文化用功很勤,所得很精的哲学家,有如熊师十力,以及唐君毅先生,要从具体生命行为,层层向上推,推到形而上的天命、天道处立足,认为不如此,便立足不稳。形而上的东西,一套一套的有如走马灯,在思想史上,从来没有稳过。

所以从宋儒周敦颐的《太极图》说起,到熊师十力的《新唯识论》止,凡事以阴阳的间架所讲的一套形而上学,有学术史的意义,但与孔子思想的性格是无关的。

我认为孔子表现在《论语》中的思想性格,合不合希腊系统哲学的格套,完全是不相干的。孔子在人类文化史中的地位,不因其含西方哲学的格套而有所增加,也不因其不合西方哲学的格套而有所减少。

1979.09.28

二四

任何支派的文化,一定是在否定、肯定的反复中传承发展下来的。

老子对在他以前的传统文化是采否定的态度,孔子则是采取肯定的态度。但老子在否定中却肯定了"圣人无常心,以百姓之心为心"的由周初所开始的"天视自我民视"的大统。

孔子在传承中却否定了封建社会中的阶级限制，把代表阶级意义的"君子"、"小人"，转变为"人格意义"的"君子"、"小人"。

1966.09.16

二五

历史中每经一次大苦难，儒家思想，即由伏流而涌现于知识分子观念之间，有如南北朝后的王通、五季后的宋代理学、元初残杀后的宋代理学的复兴、明亡后的顾亭林、黄梨洲、李二曲、陆桴亭诸大儒的兴起，这都是经过苦难后而重新涌现的例子。

历史中凡遇到外患时，一定涌出民族思想，而收其效于八①年抗战。

孔子在经济上主张均平的原则，孟子继之而提出井田的理想，于是历代在社会大变乱中，几无不提出解决土地问题的口号，而最后集结为孙中山先生的平均地权。

1962.08.14

---

① 应为"十四年抗战"，自1931年9月18日至1945年结束。

二六

复兴中国文化,要尊重中国文化中现实的批判精神。要承认中国文化的研究工作,有客观的标准。

对现实没有批判精神的文化,是死僵了的文化,复兴不起来。

不承认中国文化在研究上有客观的标准,认为用钦赐翰林的方式即可达成利用的目的,这是把中国文化摈弃于学术范围之外,这实际是毁灭中国文化。

1966.12.01

二七

中国人传统的经济生活规范,可用"勤俭"两字加以概括。中国人对于节俭,不仅是匮乏经济条件下的经济理由,而且是报应观念下的道德理由。

爱惜物力,中国称这是"惜福",多爱惜一份物力,即是多爱惜一份"福气",把爱惜下来的福气,留给自己的晚年和子孙享受;晚年或子孙所享的福气透支了,必然受到以困苦来填债的报应。

1973.10.02

西方的思维

一

尼采在《权力意志》中所下的定义:"虚无主义是意味着什么呢?是至高价值成为无价值。是没有目标。是对于为了什么也没有答复。"至高价值成为无价值即是人生观的崩坏,即是世界观的崩坏。没有人生观、世界观的人,乃是丧失了生活目标、生活意义的人。

自文艺复兴以来,一直到启蒙运动,欧洲的许多市民阶级,要求由"神的支配",转而为"人的支配";这便种下了虚无主义的种子。不过此时的市民,对于自己的认知理性,抱有无限的信心;他们的人生目标、人生意义,都安放在由理性所成就的科学技术进步之上。

科学技术进步的结果,是"机器的支配",代替了"人的支配"。

机器固然给人以与过去不同的生活方式，但并不会给人以目标，给人以意义，因而并不能由此呈显出新的价值；把"上帝引退"、"机器无情"，加在一起，欧洲的虚无世纪的讯号，便由尼采口中正式发出了。

把虚无主义当作是一种解放，即是以对历史文化价值的否定，为向新价值追求的解放。

否定一切价值、否定一切意味，而只是离开自然、离开社会、离开历史，抱着一束孤独而幽暗的生命，面对着不可测度的深渊。今日的所谓实存哲学、现代艺术、逻辑实证论，都是这一绝望的虚无主义的变貌。

老、庄的虚无，是向上升的虚无，即是老、庄否定了许多现实的人生价值，如仁、义、礼、智等，但他们是由此而肯定在仁、义、礼、智之上的"常道"的价值。因此，他们的否定，同时即是他们高一层价值的肯定。有了这高一层的价值的肯定之后，再落下来，依然要肯定由高层价值加以洗练后的现实价值。

1961.06.09

二

达尔文的贡献，可分为两点：第一，他提供了"进化"的确切证据，因而确定了"进化"的观念。第二，他以"自然淘汰"，作为进化的确切法则。

自然淘汰说，首先把白色人种征服有色人种的行为加以正当化。其次，法西斯，独占资本家，对中小企业的吞并，也同样在达尔文的学说中得到了根据。

1961.10.01

三

康德虽强调动机中"善意"的重要性，但他还没有扣紧仁爱方面来作为道德的内容。"不忍人之心，人皆有之"，这是无间于古今中外，而可当下加以验证的。但康德必须用二律背反的方法，费这大的思辨力量，以证明道德理性的存在。这是说明西方文化的习性，不把人当下可以证验的道德事实加以承认而肯定其价值；却必须通过理智思辨的形式，以建立与事实有距离的概念，在概念上去辩论有无是非。于是每一个人所具有的仁爱之心，不能在学术文化取得其应有之价值地位，而退贬于无足轻重之列，致使人性中最宝贵的这一部分，被抑压泯没，不复在人生社会中发生应有的作用。

1961.10.16

四

当代科学史的权威萨顿，在其大著《古代中世科学文化史》的序章中指出：希腊文明的失败，不是缺少了知性，而系缺少了人格、道德。欧洲中世纪的停滞不前，是只强调了神的仁爱，而缺少了对现世知识的活动。结论是"没有仁爱的知识，和没有知识的仁爱，是同样无价值。是同样危险的"。

中国文化的缺陷是强调了仁爱而忽视了（不是反对）知识；近二百年来，却连传统中的仁爱精神也失掉了。西方文化，则成就了知识，而忽视了仁爱。

知识成就科学，科学的自身是没有态度的。科学对人类的造福或贻祸不是决定于科学，而是决定于人们所给予科学发展、运用的方向。

使科学的方向，不向杀人方面发展，而向造福人群方面发展，这才是当前思想家的真正任务。而此任务的实行，是要在西方文化中，建立仁爱精神在文化中的主导地位。

1963.06.18

五

自由主义，是使欧洲中世纪进入到现代的脱皮换骨的基本精神力量。它达成此一任务，大体上经过了三个阶段。

第一个阶段是打倒宗教的权威，以肯定现世的价值、肯定理性的价值；这里面并含有对私人财产观念的开放，及对知识开放的两大意义。

第二阶段是打倒贵族阶级，以完成近代民族国家的统一，扫除资本主义初期所遇到的特权势力的障碍；并支持从商业资本主义所开始的各国对海外原料、市场的掠夺。这里面实含有强烈的国家意识、民族意识在里面。当时主要是向罗马教廷的统治而斗争。

第三阶段是打倒中央集权的专制政治，以法国大革命为标志，制定宪法，保障各种基本的自由权利。

自由主义在亚、非范围之内，却好像成为一种变种。

首先，自由主义有扫荡封建社会的力量。但亚、非的实力人物都带有封建残余的色彩，若将就此一现实，便等于背弃了自由主义。

其次，亚、非的国家独立必需从西方的殖民主义中得到解放。西方为了保持既得利益、或者为了满足他们先进的优越感，于是有形无形之中，厌恶各国中的民族主义；并进而培植没有民族主义的"自由分子"。

这样一来，在西方本来完成过民族使命的自由主义，在亚、非却成为两相对立的东西。

这又是左右为难的问题。

以神话神迹为主的宗教，因自由主义而正在欧洲退潮、换骨的时候，却正是西方的神父们、牧师们，大量向亚、非地区宣传其神话、神迹的时候。尤其是到了第二次世界大战以后，美国人士实际是把他们所宣扬的自由主义，和以神话、神迹为中心的宗教，结合在一起，以塑造亚、非人中的"自由人士"。这一奇怪的结合，更使亚、非的所谓"自由人士"，成为对内排斥，对外供奉的人士。

1965.06.09

六

西方文化的习性，不把人当下可以证验的道德事实加以承认而肯定其价值；却必须通过理智思辨的形式，以建立与事实有距离的概念，在概念上去辩论有无是非。

于是每一个人所具有的仁爱之心不能在学术文化上取得其应有之价值地位，而退贬于无足轻重之列。

当代的思想家们，对人生问题，我希望不必再玩弄什么概念的把戏，而只抓住人心当下一念所自然呈显出来的不忍人之心，亦即是仁爱之心，确定其为人生根本价值之所在，并承认这是一切价值之价值。

1961.10.16

七

理智思辨活动的过程，乃是一种抽象的过程。在抽象的过程中，必须将异质的东西排斥出去，以保持概念所必不可少的同一律。因此，任何由思辨而来的思想，都只能"如耳目鼻口，皆有所明，不能相通"。使耳、目、鼻、口皆得其用，以构成人体统一活动的，必有待于高一层次的心的作用。

1966.11.12

八

个人主义，是以追求个人权利、满足个人欲望为社会动力的主义。在此一主义之下，解放了中世纪所长期抑压的个性，因而也解放了中世纪所长期抑压了的个人能力。

个人主义的进步性或者可以从下面三点来加以了解。

第一，它是历史阶段的产物。没有中世纪对个性以抑压，便不一定有个性解放的特别意义。

第二，每一个人，一生下来都是个人主义者。近代个人主义的意识乃在于个人主义的大众性、社会性。失掉了大众性、社会性的个人主义，便不是作为近代进步动力的个人主义。

第三，近代的个人主义者有一个基本假定，即是各个人的权利欲望的追求、满足，由"有一只看不见的手"，把大家连接起来，成为社会共同的权利欲望的追求、满足，因而个人与个人之间，保有竞争中的调和。

所谓"看不见的手"，乃是与权利相并行的义务观念。

资本主义，是个人主义下的自然产物。独占资本的形成，也是资本主义的自然发展。独占资本形成以后，大资本家成了经济王国中的统治者，成为社会的特殊阶级。社会上一经出现了固定的特殊阶级，便会只有特殊阶级的个人主义。

没有社会大众的个人主义，社会大众便感到失掉了个人的自由。

1971.07.11

中西文化

一

近年来许多人提出张之洞的"中学为体,西学为用"的口号来加以讪笑。

这里的所谓中学,实际是指中国文化的价值系统而言;所谓西学,实际是指不含有价值观念的纯科学而言,则张之洞的话,是有道理的。

1958.09.16

二

我应首先提出一个大逆不道的主张,即是"中学为体,西学为用"。

文化可以分为两大系统:一是知识科学的系统,这是无颜色的世界性的文化。一是价值的系统,这是有颜色的(有态度、有倾向等)、是世界性而又同是民族性的(有人把二者作绝对性的分开,根本是错误的;只要想到莎士比亚是英国的,同时也是世界的,等等,便慢慢可以明了。此处不能详讲)文化。

大体上说,知识系统的文化,是价值系统文化完成自己的工具、手段;而价值系统的文化,则是知识系统文化所要达到的目的,及其主宰。张之洞所说的"中学",实际是指在我们中国历史中所形成的价值系统的文化而言;他所说的"西学",实际是指西方近三百年来所成就的科学、技术,即知识系统的文化而言。

近代,却可以说西方是以基督教为体,以科学、知识为用。印度则是以印度教为体,以科学、知识为用;苏俄则是以共产主义为体,以科学、知识为用。

中国有五千年历史所形成的价值系统的文化,为什么不可以中学为体,西学(科学、知识)为用呢?

1962.06

三

自觉可以表现在认识方面，可以表现在道德方面。

中国人过去常以为有了道德即有了知识；而西方则常以为有了知识便有了道德。

西方在近几十年的努力探索中，对道德与知识的个别筹范，有了更明确的观念。

1952.05.01

四

希腊求知的动机为闲暇中对自然界之惊异而追问究竟，这样便成为其哲学中之宇宙论。由宇宙法则之发现而落实下来便成为科学。

中国之学术思想，起源于人生之忧患；忧患是追求学问的动机与推动力。

西方主要是对于自然界的知解，而儒家主要为自己行为的规范。

1952.05.01

五

中国对于自然科学之向往，乃至在实际上稍有成就，皆出之孔孟之徒，如曾国藩、李鸿章、张之洞等，其事迹皆斑斑可考。

1952.10.05

六

在希腊文化中，根本没有浮出可以当作"人类"解释的"人"的观念。希腊人对于非希腊人及对于非自由人，不把他们当作与自己相同的人来看待。

在西方，基督教对于异教的排斥，或且过于希腊人对于非希腊人的排斥。这种文化传统，深深影响到西方文化向外的侵略性格、殖民性格，也影响到他们自身文化的安定性。

中国文化到了孔子，已奠定了人性平等的观念，因而也奠定了普遍性的人的观念。孔子对他的学生子张说："言忠信，行笃敬，虽蛮貊之邦，行矣。言不忠信，行不笃敬，虽州里，行乎哉。"这是说做人的态度只有一个，由做人的态度所得的效果也只是一般，这是无间于夷夏的。

在他的心目中，只有文化问题、教育问题，而没有种族的问题。

1957.07.01

七

西方宗教与科学的斗争，是来自宗教思想对科学范围的侵入。后来随宗教之退出科学范围，这种冲突即告解决。

文化的真正冲突，是来自价值系统的文化；文化的殖民主义，也是来自价值系统的文化。

与科学做了长期而深刻斗争的基督教，今日不曾认为它妨碍了科学。

今日却认为科学只有打倒中国文化之后才能建立起来。

这除了说是在不知不觉中，精神殖民地化了以外，还有什么方法能加以解释呢？

1958.09.16

八

有的人提出"知识就是道德",以为只要求知识,不必讲道德。中国文化,主要是道德系统的文化;而他们说这种话的目的,正是要人不必讲中国文化。

知识与道德,是有密切关系。然而,知识与道德能成为正比吗?事实上有知识的人,不一定有道德;有道德的人,并不一定有很多的知识。他们实际还是要否定道德;最低限度,他们要把道德这一门学问,从现在学问的范围中,驱逐出去。

西方有些人这样的主张,是因为这不是在实验室中或逻辑中实证得出来的。所以,在西方人的地位的动摇,是来自某些实证科学者的夸张或性急。而在中国,人的地位的动摇,都主要是由于有某些人为了要否定自己历史文化的价值,因而否定"中国人"的生存的价值。

1959.03.02

九

一个伟大的科学家(注:爱因斯坦),对人类是有责任感的;当然,对他自己的同胞,也会有更深的感情。

道德和宗教,爱氏把它放在论公共的事情这一部分,是因为一个人孤立在一个地方时,是无所谓道德的;道德的根源在个人，而道德的作用却是在群众之中，所以说这是公共的事情。

爱因斯坦指出人所以为人的意义，正因为在科学知识系统以外，还有一个人生价值系统；而从前一系统中，演绎不出后一系统，而是各有来源的。

关于后一系统的来源，他指出是宗教。他进一步则不能不指出这些价值判断，只能作为"强有力的传统而存在"，亦即是只有在人类的历史文化中而存在。除了历史文化，没有价值判断的根源。所以否定中国人存在的价值的人，他一定否定道德，一定否定历史文化。

1959.03.02

一〇

希腊哲学，发生于对自然的惊异。

各种宗教，发生于对天灾人祸的恐怖。

而中国文化，则发生于对人生责任感的"忧患"。

忧患并不同于恐怖。恐怖常将人之自身，投掷于外在的不可知的力量（神）；忧患则常要求以自身的力量，掌握自己的命运。

1960.07.16

一一

忧患是深入于困难情势之中,以自己的责任感,探索解决问题端绪的心理表现;这便不能安心于在实际上无所作为的信仰,而要求在实际的行为中解决问题。这种情形,可以说是在天命中的自主性,在宗教中的人文精神。

以忧患意识为基底的人文精神,常将个人欲望消解于其对人类责任感之中;它和以表现个人才智为中心之人文主义(西方的人文主义),在基调上完全是两样。

1960.07.16

一二

许多人主张道德系由科学知识而来;有了科学知识,便自然会有道德;没有科学知识,便没有所谓道德。因此一般人们说的道德问题,实际只不过是知识问题,只要把知识问题解决了,道德问题便也随之而解决。

在中国的《大学》一书上,便以为致知、格物乃正心、诚意的必经途径。这一主张,由后来的程伊川、朱元晦加以继承,但实际上没有多大的成就。而希腊的苏格拉底,是非常重视道德的;但他很明显的主张知识即道德。

文化

做这一主张的最难一点是：孔子、释迦、耶稣们的科学知识，未必赶得上今日一个好的高中学生；而乡下人的道德，一定赶不上住在都市里的人们的道德，因为住在城市的人，总比乡下人的知识高一点。这种论点应用到实际上的时候，便很难回答上面这一类极简单，但又非常真实的问题。

1961.12.21

一三

他（注：爱因斯坦）认为是"人类信心，固然应当由经验与分析的思维所支持"；但对于人类的行为、判断所必要的信心，并"不是仅靠坚实的科学方法，所能得出来的"。因为"所谓科学方法，仅能求出诸种事实，是如何互相关联，及如何互相为条件"。由此所得的"这是什么"的知识，并不能直接打开"这应当怎样"的门。

1961.12.21

一四

研究的成果，常决定于研究者的动机。

西方人研究中国文化最先的动机，可以说是为了个人的兴趣。兴趣是以研究者个人为尺度。个人兴趣的尺度，与中国文化自身的尺度，常有很大的距离，由个人的兴趣所做的研究工作，对整个中国文化而言，可能是并不相干，或者是微不足道的。

西方人研究中国文化的另一动机，是为了在中国传教。这便容易形成一种强大的成见。于是他们在研究中国文化时，无形中便采取两种态度：一种是希望在中国文化中发现出隐而不彰的上帝，等待他们来加以彰著。或者认定中国文化，是信仰低级的宗教，等待他们来加以提高。另一种是希望暴露出中国文化的弱点，证明中国人的犯罪性，非待他们来加以救济不可。

在我的印象中，欧洲小国传教士的态度，多比英美传教士的态度为好；而一般外国信徒对中国文化的态度，比中国信徒对中国文化的态度，又常好得多。因为中国信徒的深层心理，本只是信"洋"、而不是信"教"的。

目前美国人积极研究中国文化的真正原因动机，乃在为了对付中国共产党。这是以政治性实用为目的的研究，所以研究的重心，是中共的本身及与中共关联最密切的近代史、现代史。

因为要对付中共而研究中国文化，很容易走上以为对付中国文化即是对付中共,这更不会有结果。

美国对中国文化研究的能力,没有方法可以与日本人相比。在中日战争期间,日本人为了赢得战争,动员了很大的力量来研究中国文化。但这种研究,不仅无裨于日本人的目的;并且在此一动机、目的之下,研究出来的结果,绝对多数,只能算是日本学人的耻辱。

1962.07.12

一五

伦理性、道德性的思想,必须不断有人对应于新环境而加以阐述,使其日月常新;否则只是断简残编中的陈迹,一般人不会感到他有什么意义。

1962.08.14

一六

不要拿西方柏拉图下来的一套哲学来看孔孟之道;两者是全不相干的。孔孟之道,只不过教人以正常的人生态度,及教人以人与人正常相处的态度。

1963.12.10~11

一七

科学知识，为什么只是成长于古希腊文化系统？

因为古希腊哲人，排除实用的观念，重视"为知识而知识"的精神；这样便能顺从对象自身的法则，一直追求下去，而不致受到当下有用、无用的干扰与限制。

用另一语言表达，他们特别重视各学术的自律性；这是科学得以成长的重大原因。

1972.05.02~03

一八

古希腊文化，标出真、善、美为人生所追求的三大理想。真、善、美，有相互的关联，也有独立的领域。

真的事物未必即是善的、美的事物；但善的事物、美的事物，必须是真的事物。所以求真，有其自身的自足要求；同时求真又是通向求善、求美的必经之路。

一切的罪恶，一切的丑恶，都是由与真相反的欺诈、虚伪出来的。我国文化中，特别强调"诚"，强调"信"，正由此而来。

真不能代替善，不能代替美，但突破一切自我与外境的困难以求真的一切正直之心，其本身即是善的，即是美的。

1972.09.10

一九

但西方哲学家，多只把他们求得的知识，加以条理、加以推演，构成一套知识系统，以解答他所认为要解答的问题。但却很少对他自身发现问题，所以"思想"与"思想者"，常处于不相干的状态。

孔子对他所求得的知识，不是通过逻辑去推演它，而是把与自己生活生命有关的部分，由实践而在自己的生活生命中体现出来、证验出来，以求不断地开阔自己的生命、提高自己的人格。对孔子来说，他所成就的不是哲学思想。而是具体存在的人格。

1976.11.07~23

二〇

　　中国的哲学、文学、史学，都对现实的政治、社会、人生，有深刻的批评性；在这一点上与西方文化，没有分别。政治、社会、人生，是在文化批评中推动前进。取消了批评，便取消了文化，便失掉了人类前进的推动力。

1977.08.22

二一

　　古今中外，凡是有价值的人、有价值的人文著作，必系由突破其阶级性以透露出共同的人性来。价值的大小，由突破与透露的程度而定。

　　在中国文化传统中，这种道理，到二千多年前的孔、孟、老、庄而已大明。但在西方文化传统中，却没有这一方面的发展，到现今还在摸索之中。于是中国文化之所谓人性的自觉，是由个性伸向群性的自觉。而西方文化中之所谓人性的自觉，则常停顿在个性的层面上，实即停顿在个人所属的阶级之上。

1978.03.07~21

二二

中国的"道德的人文精神",是在"忧患"中所形成,须要由有"忧患意识"的人士才可以把握,加以宏扬的。

基督教所以能成为世纪性的宗教,我的了解,是由十字架所象征的担当苦难的救世精神。救世精神是从"苦难意识"中透出来的,这才有其真实性,有其感动力。因此,我以为,只由真正怀抱有"苦难意识"的人,才有真正的宗教信仰,才能通过他们的信仰,发而为解放人世间苦难的行为。

1978.11.01

二三

要从哲学上通中、西之邮,是很困难的,因为在大脉络上,走的是两条不同的路。中国是以体验为主,落实于行为;西方是以思辨为主,归结于概念。所以凡是拿西方哲学的架子来讲中国哲学的,我感到都有问题。

1979.03.12~13

二四

唯心唯物,乃是希腊系统哲学家所提出的问题,也是一个哲学家认识的最后到达点。在中国"人文"性格的文化中,并没有提出这种问题。所以严格地说,中国没有希腊系统型的哲学家。

1980.07.29

二五

孔子不是为了满足个人"知的喜悦"而发心,是为了解决"吾非斯人之徒而谁与"的人类生存问题,为解决一切问题的基础而发心。

每一个人所需要,并且又为每一个人自己可以做到的,是正常的生活。由孔子之教所开辟的世界现实生活中的"正常人"的世界;是人和人应当进入,也可以进入的平安的世界。人能进入到柏拉图的理想型世界中去吗?能进入到黑格尔的绝对精神的世界中去吗?

1981.02.17

二六

没有心的内在世界,便没有所谓精神文明。心不表现而为对外在世界的涵融,即没有心的内在世界。心对外在世界的涵融,必须具备两个基本条件。

第一个基本条件,必须发现除了物质生活以外,还有不是物质生活可以限制的人生价值。

第二个基本条件,是认为外在世界的芸芸众生,在本质上与自己同类而有平等的。因为是同类的,便不必存有敌意;因为是平等的,便不应存有歧视外在世界。仅能在无敌意、不歧视的状态下,进入到自己的心里,而为心所涵融。

1981.06.12

宗教

一

西方最大的传统是宗教。宗教是以组织的力量支持一种信仰,所以它有很大的排斥性。

中国传统最主要的却是儒家。儒家没有组织力量的支持、其性格也是没有排斥性的文化。

中国的传统,是排斥性最少的传统,是维持力最弱的传统。

1962.03

二

西方型的哲学家，他所表现的理智，可以对人类命运不负责，甚至哲学家自身，也对他自己的知识不负责任。

普通的教徒，只为自己从罪孽升向天国而祈祷，祈祷后更安心去作恶。

伟大的宗教家，则常关心于人类的命运，并对其所奉的教义，首先求其在自己行为中实现。但于不知不觉之中，常须歪曲或阻滞理智的伸展，以维护宗教所信仰的神话。

以伟大宗教对人类命运的责任心，发挥哲学家的理智；将哲学家的理智，实践于自己日常生活中的行为，这才是中国人所谓的圣人。

1957.07.01

三

佛教初到中国，只不过是由中亚细亚若干小国的半商半僧侣的人开始，并没有遇着中国人的仇视且不久在中国开花结实，以迄现在。

以利玛窦们初到中国来传耶稣教而论，他们地位单寒，一无凭借，但依然没有遇到中国的仇视，而且也及身发生了相当大的影响。

这都足以证明"道并行而不相悖"的伟大的中国文化的性格，对任何文化，都可以兼容并包，不像西方文化自身的常常带有火药气味。

在中国人的心目中，这是宗教、这是文化，中国人认为宗教与文化是没有界域的，所以尽管可以根据目的、思想及生活方式而不信它，或从理论上加以辩难，但绝不至于诉之于直接暴力行动的仇视。

1957.07.01

四

前东海大学校长曾约农先生屡次谈基督十二个门徒，分别四出传教，只有传到希腊、罗马文化范围内的一支，才得到文化土壤的培植而发荣滋长，其余的，则都默默无闻。所以他认为基督教会在中国生根，有赖于中国传统文化的复兴与结合。他的话，证以汤用彤氏所著的《汉魏两晋南北朝佛教史》（这真是一部权威的著作）中所述佛教与中土文化互相影响的各种事实，是一种很可靠的意见。

1958.01.20

五

教会学校实际系有一文化殖民主义在其中,弟看破此点后,精神即深感不安。

1958.08.15

六

中国文化精神可欢迎世界性的任何宗教,中国人可以信仰任何宗教,并且任何宗教的虔诚信徒,都值得尊敬。

假使那一种宗教出于批判态度的反对中国文化,那一定是出于文化的征服意识!一定有中国人在外来宗教招牌之下来欺凌祖国的文化,那一定是"吃教"的受了殖民主义的毒素过深的人。

老实说,台湾在知识分子所集中的城市里,只有得意忘形的美国主义,潜滋暗长的日本主义;很难找到所谓中国的民族主义。

1958.09.16

七

佛教和基督教,同是世界性的伟大宗教。但基督的精神,是由尖锐的歌德式的教堂建筑所象征着;而佛教的精神,则系由柔和的线条所构成的寺院顶盖所象征着。寺院的顶盖,都是很崇高的;但构成顶盖的线条,却用的是弛缓的弧形,所以直而不硬,方中有圆,于是在高台之中,含有与地面相亲和的意思。若说儒家文化,是积极性的和平力量,则佛教便是消极性的和平力量。世界上,只有这两大文化是真正代表人类走向和平之路的文化。

1960.05.18~19

八

我们大体可以说人类开始是在一种恐怖之心理下而信仰神;再进一步,是用一种敬畏的心里来信仰神;再进一步,才适用原罪的心理来信仰神。

一个人只有在感觉到他充满原罪的时候,才能够从他现有的位置中超拔出来,向神去接近。所以原罪的观念,在宗教中居于一种主导的地位。

中国文化之中所发现出来的深层心理,简单说,就是"性善"。

中国文化中对于性善的陈述，只告诉人，性善的善，是在每一个人的生命中，当下可以证明，而不需要思辨来加以证明的。我们在实际的生活中间，即可以证明有善的存在；在我们判断哪是善、哪是恶的后面，实际存在有一种善的最基本的标准。

在宗教方面，是不是也可以根据神是按照自己的形象以造人，来承认性善呢？是不是从人的性善这方面，来发挥教义、发挥神的意志，对于挽救当前的危机更为有效、更能给人以信心和鼓励呢？

1962.02.01

九

人类是在某种环境之下，因为某种特殊的机缘，两相结合因而形成某种性格的宗教。宗教乃适应某种环境下人们藏在内心里深切的愿望而产生的。

1963.06.01

一〇

佛教与基督教最大不同之一,在于佛教是和平的性格,而基督教则是斗争的性格。所以佛教的宣扬,很少引起流血事件,而基督教的传教,要缓和其斗争性格以保持相互间的和平,完全靠十六世纪以来一连贯性的自觉,以得出信仰自由的伟大结论。

在文化的立场看,"佛性"、"圣灵",本是一物;而释迦、耶稣,都是要让人凭自觉自悟,以显性显灵的。但耶稣死后,他的伟大爱心与教义,都在被压迫下的穷苦阶级中传播,所以保罗便强调了人性中罪恶的一面,使穷苦阶级的人们,容易因希望得救而接受信仰。到了中世纪,教廷为了巩固自己对世俗的统治,便更确立了"原罪"的教说,使人相信自立不能得救;要得救只有通过以教廷为首的僧侣阶级。

佛教相信自身成佛、因之身修重于传教。基督教不相信自立得救,因之他们的活动,不是以自身的修证为中心,而是以传教为中心。到了新教成立,可以说除祷告外没有修证。佛教徒是要在修证中找见证;基督教则要在受洗的多少上找见证。世界上无孔不入的传教活动,乃由此而来。

1963.06.01

一一

西方人向东方人传教，概略言之，有三种心态。

一种是出于自己真正的宗教精神，以最大的热忱、忍耐，说明自己的教义。传教的目的，在于他影响所及的地方，能得到人们现实行为、生活的改善。

第二种是把自己的信仰和人种的优越、自己国家的现实利害结合在一起，用各种手段、技巧，对东方人做精神上的征服。把宗教意识和征服意识混在一起。他们传教的目的，在物色适合于他们那种意识所要求的"土人"。

第三种则正是秉承第二种的意志的"土人"的传教。这种土人传教，表面上是捧着神来抬高自己的地位，实际则是捧着西方的优越感来压自己的同胞。

1963.06.18

一二

宗教把人世的问题，想提到天上或来世去解决，若克就良心自觉而加以承当，则良心所涵盖的必然是人类现世的问题，它要求在人类现世中得到解决。这是宗教与儒家的大分水岭。

1963.12.01

一三

宗教中的罪孽感,首先是来自对生命价值的否定。一切宗教,都以为人生价值,不仅不在生命的自身;甚且认为生命的自身,乃实现最高价值的一种束缚,一种障碍。这样一来,生命自身即是罪孽,有此生命,即有此无可奈何的罪孽感。生命最直接的表现,是由生理所发出的各种欲望。各宗教对生命自身的罪孽感,落实下来,即是对欲望的罪孽感。

各种宗教,必以各种苦行来克制这种欲望,亦即是克制这种罪孽。

儒家思想,则视生命为人生价值的基础。完成人生的价值,首在合理地保持自己的生命。

对生命的自身,不认为是罪孽,于是原罪的观念,自不能成立。由生命而来的欲望,中国文化只主张节制,而不主张断绝。

1968.09.19

一四

爱因斯坦说宗教对于人的行为有决定的作用,但宗教的定义怎么下呢?他说所谓宗教,只能说是宗教精神,何谓宗教精神？一个人到底为自己打算得多些呢，还是为人打算得多些？假如你为人打算多些，为自己打算得少，你就是宗教；假如你只知道为自己打算，不为他人打算，你就是反宗教。爱因斯坦所说的宗教，不就是一个"仁"字吗？

1981.05

一五

我由此常想到基督教适应了奴隶社会，适应了封建社会，适应了资本主义社会的情形，这在历史的演变中，如何去为它定性呢？

1981.09.20

谈文化

一

一般衡断道德的标准,总是从目的或动机上讲。而不从手段上讲。

1952.07.16

二

他(注:唐君毅)写此书(注:《人文精神之重建》)的中心信念,是拿"人当是人;中国人当是中国人;现代世界中的中国人,亦当是现代世界中的中国人"这三句话来包括。

第一句话是代表人的自觉,第二句话是代表中国人的自觉，第三句话是代表中国人对现代世界的自觉，并由中国人对现代世界担当责任的自觉。

1955.05.04

三

文化必须在社会生根，必须由社会向各方伸长。政治上之提倡，只能发生一副次的作用。若先存一利用之心，而所行所为，又皆与其文化之口号背道而驰，则此种政治之提倡某种文化，同时即毒害某种文化。

1957.04.17

四

我要借此郑重奉告国人，与外人相处之道，即是孔子所说的"言忠信，行笃敬"的每个人做人的基本道理。小智小巧，只有丧尽人格，因而，丧尽国格。中国人、外国人，都是人，都应以人之道自处、以人之道相待，在困难时更应如此。

1957.07.01

五

  凡是把他人当野蛮人看待，因而用野蛮的手段去加以处理的，这即证明他自身绝对的是野蛮。因此，我们对义和团的行为应当切身反省。但若西方人能有真正的文化自觉，则他们应当知道他们行为的自身，并没有指摘义和团的资格。

1957.07.01

六

  这里所说的思想，是把各个层次的思考、思辨、反省，都包括在内。

  它的特性，常识地说：第一，是把感官所得的材料，通过心的构造力与判断力，以找出这种材料的条理，意义，及与其他材料的关联，和它自身可能的趋向。第二，是把客观的东西，吸收消化到主观里面来；又把自己的主观，投射、印证到客观上面去；由这种不断反复的过程，而把主观世界与客观世界，经常联系在一起。

  由上面的两种作用，便把人生向深度与广度方面推展、扩大，因而能把人与人、人与物，作有意义的连接，并向有意义的方向前进。人类的文化生活，便是这样一步一步地建立起来；人类自然的生命，便是在这种文化生活中而生存发展。

1960.04.12~13

七

人类思想的动机，常是来自在感官生活中的有所不足。譬如仅凭看、仅凭听、仅凭行动，似乎觉得对某种事物把握得并不完全；觉得在可看与可听的后面，似乎还存在着看不见，听不到的东西，这便自然会引起思想作用。

在人类生活中，永远存在着只能由心灵去接触，而不能完全诉之于用耳目、感官去感受的东西。

站在人的生活立场来讲：或许这些东西即是最后的真实、最后的需要。宗教、道德、艺术这一属于"文化价值"系列的东西，便是如此。

科学与商业联合起来，尽量使人的感官，得到圆满无缺的满足，以消蚀使人去思想的动机。

1960.04.12~13

八

第一次试坐东京的地下铁道，我在挤得吐不过气的人潮中，突然感到眼前的场面，便是现代文明的缩影。人本来是去坐车的。但能挤进车去，并不是出于自己的意志和力量，而只是被动的任凭与自己无关的力量在推来推去。进车以后，大家肩摩踵接，在形迹上，可以说把人与人之间，变得再密切也没有了。但大家就像捆在一起的木柴，彼此没有由生命所自然发出的互相关联的感觉。这正是现代文明的作品，也是现代文明的形象。

现代文明，是把人从属于自己所造出的机械。机械变成了主体，而人自己反而成为机械的附庸，由机械的构造、活动的要求，而把人组织得比过去任何世纪更为紧密；但组织在一起的人们，彼此只有配合机械的协同动作。这种协同动作与每一个人感情意志无关；因而很少有情感的交流、意志的结合。人与人的关系，变成了机械零件间的关系。

1960.04.02

九

日本人的日常生活，在物质这一方面的变迁，大约可把它分成四种形态：

第一是旧的东西，加上了新的解释。

第二种形态，是新的内容，却保持旧的形式。

第三种是代替与并存的形态。

第四种是从无变有的形态，这正是社会前进的显明结果。

作为一个社会的整体的变迁，是上面四种形态，自然结合在一起。

1960.04.22

一〇

杜甫忆李白的诗："何时一樽酒，重与细论文。"不"细"便不足以论文；而细是要在从容闲暇的一樽酒之间得来的，我谢竹田博士请我吃饭的诗的末两句是"千万人阛尘滚滚，愿从闲处做商量"，便是深有感于东京不是谈学问的环境；因为它太忙而把人情味忙掉了。

1960.05.18~19

一一

现代人不追问"为了什么"？而只追问"怎么办"。

"怎么办"，当然也是一种思想的运用；但这种思想的运用，常是以感官为主，把思想拘限在事物的表层上，拘限在事物的孤立的个体上；作为思想特性的向深度与广度的推展扩大，在这种情调之下，是发挥不出来的。

这一趋向的形成，一般的说，是由于每一个人，都被编入于万能化的技术家政治（technocracy），及日益扩大的官僚政治（bureaucracy）之中，使每一个人，不是以"一个人"的身份而存在，乃是以"大众"的身份而存在。

一个人，在万能的技术与庞大的官僚集团之前会感到太渺小、无力，失掉了存在的权利与勇气，于是只好以"大"而且"众"的集体形象，来向技术与官僚，争取一点平衡，表现一点存在。

一切要倚靠大众，每个人只能以大众的身份而存在，这便会慢慢地置个人思想于无用之地，因而把人的"主体性"逐渐地丧失了。

人只有在思想中，才能发现"我的存在"，即主体性的存在；也只有在发现"我的存在"时，才能够思想。

1960.04.12~13

一二

不过日本的佛教，和中国的佛教，却有一个明显的对照。即是，日本佛教的佛像，都是安放在幽晦、邃密的复殿里面，神秘的气氛特强，予瞻拜者以对人隔绝之感。这本是表现在各种宗教共同的特性。中国大雄宝殿的佛像，则常坐在爽朗光明的气氛中，使瞻拜者感到它是在我们的同一世界中显现其庄严伟大；而不是在另一世界中显现其威严神秘。真的，一切的东西，一进入到中国的文化里面，便都明朗化了，便都人情化了。同是佛教，也同样反映出中日两民族的不同的性格：一是开朗，一是深密的不同性格。

1960.05.28

一三

人在从容闲暇中，始有真正的生活情调。所谓情调，是暂时把现实的利害忘记，对生活做某方面的欣赏。在生活的欣赏中，才有"人情味"的浮出。

1960.05.18~19

一四

　　日本许多学人治学的勤恳、辛劳，自然使他们不把政客放在眼里，在这种地方依然还闪出一点学术之光来净化人间卑贱的一面。这和我们许多人挂着学人、教授的招牌，抛弃自己的本业不做却匍匐在政客脚跟下吮污泥，又从何处做比较？

　　即就是一般的社会生活看，日本人到处表现的是"精密"，而我们到处表现的是"疏阔"；日本人到处表现的是"周到"，而我们到处表现的是"粗疏"；日本人到处表现的是"勤谨"，而我们到处表现的是"懒散"；日本人到处表现的是重知识、重艺术欣赏，而我们到处表现的是攒门路、重食色沉湎。

　　以利己为活动中心的资本社会主义，事实上也需要以"利人"来做"利己"的手段；而日本人民在长期封建社会的礼节中所养成的对人的叮咛周到的传统，配上现代的商业精神，在这种地方更做得非常亲切。

1960.09.16

一五

自从各色各样的革命人物得势以来,数千年来,与劳苦大众的生活情调融合在一起的"年节",被逼得走投无路,先委曲地称为"旧年",现在再退一步,只好称为"春节"了。春节云者,即是我们劳苦大众过了几千年的年节。

1963.01.01

一六

风俗由人民生活的积累而成,人民生活的意味也是具体地浮雕在风俗里面。抹煞社会的风俗,即是抹煞了人民具体生活的意味,使人民只成为工具上的数字,这是很残酷的事情。

1963.01.01

一七

人不仅是为劳动而存在,也是为享受自己的劳动而存在。把劳动和对劳动的享受结合在一起,这才是"人的生活"。而农村的劳苦大众，只有在节日里，尤其是在过年的年节里，才有享受自己劳动的机会，才能作为一个完整的人的存在，把生命生活的意义，从各方面表现出来。因此，节日，尤其是年节，是风俗的集结点。

1963.01.01

一八

中国的婚姻观念，是以连带责任的伦理观念为出发点。一个人的结婚，上对祖宗，下对子孙，中对自己的家族及对方的家族，都负有连带的责任。古人说："妻者齐也，一与之齐，终身不改。"这因为一个人的婚姻，牵连到伦理上的许多问题，双方在精神上都应受到这种约束。

西方的婚姻观念，是以个人自由的观念为背景。男女结合，只对自己的感情、意志负责，与他人无关。在自己的感情、意志感到需要离婚时，这也是纯个人的问题，只要法律许可，一概与社会无关，与他人无涉。

1963.04.27

一九

随时代的前进,和现实问题的要求,中、西观念的冲突,本来不应当再有的;之所以还有冲突,我以为真正的责任乃在今日有些中国人常运用中、西文化中坏的一方面,以求达到个人彻底的自私。

就婚姻说吧,若是男子打着西方个人自由的招牌以求达到个人在女性前的放纵;而女的则利用中国传统婚姻的胶固性,以求达到商业式的目的;则所谓中西观念的冲突,又还原到一个原始性的个人利害冲突。

我常以为,在人类理性自由选择之下,一切文化,好的受到吸收,坏的受到淘汰,不懂的受到客观地研究,绝无冲突可言。

冲突的形成,乃是出自有些人打着某种文化招牌,以求达到自私之念。这与其说不同文化间的相互冲突,不如说是反文化者与文化的冲突。

1963.04.27

二〇

知识与技术，毫无疑问的，应当使用进步的观念。对宗教与道德而言，很明显地便不适用进步的观念。

凡是属于"价值"层次的事物，不能轻易适用进步的观念。因为人性的自身，是价值的根源和归宿。由人性中所开拓、升华出来的人格、艺术，其本身即系圆满无缺，不随人性以外的事物的变迁而在价值上有所增减。

对价值层次的事物而滥用进步的观念，结果常常是取消了某些事物所含的价值，乃至把人生完全降低到仅属于经验的存在的层次。

1963.09.22

二一

没有"中国人"，当然没有中国文化；没有中国文化，实际也便没有中国人。

1963.12.10~11

二二

职业道德，才是近代道德的最具体的内容。

任何职业，都含有许多社会关系者在里面。把某一职业做得好，即是通过某一职业而对于它所含的社会关系者，有所贡献；这不是最真实的道德吗？

为了做好一样职业，必定会不断地追求与某一职业有关的知识、技术，做到老，追求到老。于是广大的职业活动，即是广大的知识、技术的进步活动。

1964.08.13

二三

史学，主要是追求历史的真实。但历史的真实，不仅仅可以满足人类与生俱来的求知欲望，而且对于求生存着的人们，会发生各种照明的作用，因而它也成为对人类行为的一种无言的，但是又非常有力的评判者。

1966.06.01

二四

道德有其精神,有其实现的形式。

实现的形式,系由时代各种条件决定,也受到时代的限制。过时了的形式,会成为生命的桎梏。

但道德精神,是永恒不变的。例如结婚的形式不断地变,但重视男女的结合以安定人生社会的结婚精神却永远不变。

1966.09.16

二五

许多人是把中国文化当作个人利禄名誉的工具。当中国文化与其个人的利禄名誉不兼容时,便立刻歪曲中国文化,践踏中国文化。

1968.07.11

二六

受气候支配的农业生产,每年的气候是循环的,生产也是循环的,生产的种类、数量也大体上是循环的,人们行为的规范及政治社会的反应,也是静止而循环的;由此而形成循环史观。

由技术进步而促成工业社会,由工业社会又促成技术进步;产品产量,不进步,便被淘汰;只有进步,才可以生存发展。

所以由农业社会进入到工业社会,循环史观便自然让位给进步史观,不关涉到中西文化异同的本质。

循环史观之下自然产生"报应"思想,或者可以说是"物极必反"的思想。中国的此种思想,乃出自中国的历史意识;及印度佛教东来,更将此一思想赋予以宗教的信仰,赋予以轮回的具体图案。

一切都是直线地上升,直线地前进,而依然会出现强大的循环、报应的现象。

1973.10.02

二七

知识,是由认知能力用在客观对象之上,得出与客观对象相应的了解而来。对同样的对象,可以发生不同的了解,这是在认知后的推理或处理过程中所发生的问题。在认知的起点地方,必然有概略性的一致,否则人类的社会生活便不能成立。

"知识有如娼妇样,可以为任何阶级服务。"这句话的另一方面的意义,表示了不同的阶级,可以有共同的知识,只是在运用的方向上有所不同。

1974.02.26~27

二八

此一文化系统(注:中国文化)中虽有许多弱点,但只有此一文化系统有成己、成物的人文教养,只有此一文化系统为人民奔走呼号,只有此一文化系统产生志士仁人的爱国主义者,它之所以成为中华民族的保姆的原因在此。

1975.09.09~10~11

二九

凡一种思想,经过组织加以推扩时,组织的力量,必远超过思想所含有的价值。因之,他们的影响力,十之八九是来自组织而不是来自思想。

孔子的思想,因皇权专制的利用而被污染歪曲;但各种宗教主义,在其组织中所受的污染、歪曲,随组织效率的提高,将较皇权专制为甚。

所以文化正常发展的最大绊脚石,是传播文化的组织。非由组织而来的影响,才是真正由文化自身价值所发出的影响。

1976.02

三〇

思想的价值,要通过政治权力的三种考验来证明的。

政治权力的第一种考验,是思想在没有政治权力支持的情形下,看它能否发生影响。

政治权力的第二种考验,是由正面加某种思想以压迫。

政治权力的第三种考验,是由动机与行为处处与孔子思想相反的统治者,却口口声声地说:"我很崇拜孔子,我是提倡孔子的思想。"把孔子的思想,和这种人的肮脏的政治,混淆起来，使人民因厌恶他的政治，也厌恶到孔子的思想。

1976.11.07~23

三一

文字是语言的符号，是适应语言而创造出来的。

中国以表意为主的文字，是和我们一音一义的语言特性不可分。

日本和中国，在语言上属于两个不同系统；他们的"假名"，是适应他们自己语言所作的表音符号；他们大量使用汉字，是在吸收中国文化中所积累的现象。就他们语言的本身说，是不太自然。汉字语、日语，本是不相对称的。

随汉文向日本的流入，构成日本国语中的一部分，汉语只有用汉字才表达得清楚。

汉字本身是夹带着丰富的文化而流入日本的。汉字的废除，使由汉字所挟带的文化也归于模糊，社会生活将陷于枯窘，这是莫大的损失。

还有，因汉字的以形表意，对许多概念，较表音字表现得比较清楚。

这是日本经过三十一年的试验所体认出来的。所以汉字实已与日本人的血肉连在一块。

1977.02.10

三二

在公园里,遇见的美国人多起来了,我的印象是:他们的态度和善、乐观、坦率,而工作认真、负责。他们的自信、自尊就流露在他们的和善、乐观、坦率、认真、负责之中。杜君(注:杜维明)告诉我,美国东部人们的表情,便不一定是如此的和善。而农村人们的态度,比住在都市的人们更为和善些。但对工作的认真、负责,则无间于东西南北。

1977.07.15

三三

就社会大众来讲,有了物质精神的余裕,便会有礼节。

1977.08.26

三四

　　大家应当记得,有位黑人作家写了一部可译为《根》的小说,在美国轰动一时,并曾拍成电视剧引起美国不少人的寻根热,纷纷想找自己家世的来源。

　　族谱即是中国人的根。中国首先有帝王的谱牒,再有诸侯、贵族的谱牒,再有世家的传记。大概到了汉末而渐渐出现了世家的家谱,再推衍便出现了一般平民的族谱;这是中国史学发展的高峰,使每一个人在时间之流中,都占有一个地位。也是中国文化重视返本归源、敬宗收族的具体结果,对中国民族克服历史灾难、度过时代危机,曾发挥了莫大的意义。

　　所以中国民族,早在三千年前,即是本枝百世、瓜瓞绵绵的植根最深最久的民族。族谱成为中国文化的一大特色。

1977.08.12

三五

　　在自然博物馆里面,从恐龙、化石、史前史后的动植物标本、实物,诚可谓聚"自然"的大观。其中有南、北美大陆先史时代的原住民,及现时北极下的埃斯基摩人等各方面生活情态的模仿构造，都十分的逼真。

但为什么要把这些原住人、原始人的材料陈列在自然博物馆里呢？他们生产的工具，虽然非常的简陋，但他们所做的装饰品、工艺品，有的已表现相当高的技巧。不论怎样，他们都已经是"人"，都有了某种程度的文化，为什么可以安置在与动植、矿物相等伦的位置呢？

1977.08.26

三六

我在纽约大都会博物馆及此美术馆里，觉得其他古代民族在工艺上所表现的技巧，文艺复兴时代的绘画在光和线条颜色上所表现的技巧，实在是目眩神移，气为之夺。几乎对中国艺术，失掉了信心。

但走进夫里尔美术馆（The Freer Gallery of Art）看到商周时代的铜器及陈列的字画，方感到他们的工艺品近于织巧，而我们所表现的则是威重。他们的绘画是适应感官的要求，而我们的则系超越感官以得到精神的解放。这完全是属于两个不同的世界。商、周铜器及好的书画，我过去也看得相当多了。但只有在这种鲜明对比之下，才引起我上述的莹澈的感觉。于是我又回复到"不轻视他人，同时也尊重自己"的本来态度。

1977.08.25

三七

另一引起我更大注意的,是美国人强烈的历史意识;并以财富和科技的能力,来满足他们的历史意识。普林斯顿大学行政中心,是纪念华盛顿曾在此宿营的。进门的三面墙壁,刻着该校由独立战争一直到韩战的历届战死的学生年级和姓名;这可和德州州立农工大学学生活动中心进门口的碑文,连在一起来想想。凡是华盛顿所经过的战役地点,不论胜败,无不辟成国家公园,并设置纪念。

1977.08.25

三八

每个人皆妊育于自己民族历史之中,即是皆妊育于自己民族文化传统之中。

传统文化,概略地可分三部分。一是到现在还有意义的部分；二是阻碍进步的部分；三是既非有意义，也不阻碍进步，而只形成一种风俗习惯。

宗教是一种盘节性很强的传统文化，所以第二部分的作用也特别大。

基督教自身，也做了许多适应性的努力；在西方先进国家中，才把第二部分的作用减低至最低限度。

1979.02.10~14

三九

有的东西，在它形成时是一种罪恶；但形成以后，留到现在，便变成历史的标志、民族的资产、人类的资产。最大的罪恶产物，还有过于埃及的金字塔吗？但金字塔不仅在埃及，即在世界文化之中，也有非常重要的地位。

1981.12.15

艺术

在清明的世界形象中而渐渐发现美的意欲，表现为美的形象，以成就所谓"美术"这一部门的文化。这是人类脱离混沌、野蛮，而奠定自己地位的一个重要标志。形象之美，是人类生命的升华。千变万化的艺术活动，必需归结到"美"的上面。人类只能在"美"和"善"的上面得到精神的着落点，得到生命的安全感觉。

艺术的根源

一

人类在长期的原始生活中,过着混沌野蛮的生活。但在混沌中渐渐发现条理,在条理中而渐渐建立起清明的世界形象;在清明的世界形象中而渐渐发现美的意欲,表现为美的形象,以成就所谓"美术"这一部门的文化。这是人类脱离混沌、野蛮,而奠定自己地位的一个重要标志。

形象之美,是人类生命的升华。千变万化的艺术活动,必需归结到"美"的上面。

人类只能在"美"和"善"的上面得到精神的着落点,得到生命的安全感觉。

1960.05.24

二

艺术是以形象之美为它的生命。而予人以新鲜的感觉，乃是构成美的一个重要因素。新鲜的感觉，主要是从变得来的。

促使艺术变化的因素很多，略言之计：

一是原有艺术本身所含有的可变的、应当变的因素。

二是由异质文化互相接触所引起的观念的改变，及新因素的吸收。

三是作家从大众所得的原始性的，或者是最直接性的启发启示。

但其中最重大的因素，都是来自政治、社会的变革。

1961.09.03

三

艺术作品，既不是纯主观的，也不是纯客观的。

若是纯客观的，则是科学而不是艺术。若是纯主观的，则只是一种不可捉摸的一团气氛，或一团幻影。

把主观生命的跃动，投射到某一客观的事物上面去；借某一客观事务的形象，把生命的跃动表现出来，这便是艺术作品。

艺术作品，固然是诉之于人的感官，但感官对作者而言，只是第二义的。第一义的却是作者未表现出来以前的生命的跃动。

这种生命的跃动，假定与以反观内照，便使其停蓄在生命的内部，让它从幽暗中澄汰出来，以形成晶莹朗澈的内在世界，这即可用另一名词称之为作者的"精神境界"。

艺术上第一义的"精神境界"愈深愈广，一面可以表现出突破凡近的形象，同时也可以在凡近中表现伟大，在陈旧中表现新奇。

1961.09.03

四

一个艺术作品，是由两大因素构成的。

一是作者的精神主体，通俗地说，即是作者的个性。另一是表现个性的工具——技巧。

技巧可以来自古人、来自他人、来自各种各样的流派，只要把吸收来的技巧，经过自己的锻炼，驱遣来作表现自己的工具。而不致为技巧所拘牵，以致因技巧而埋没自己的个性，则这种技巧，是自己创造的也好，是向他人摹习的也好，都有同等的意义。

1973.04.27

五

艺术家与大众之间的脱节问题。

在以贵族为主的历史阶段，文学、艺术，是与大众无关的。一直到近三百年的发展，文学、艺术与大众的关系，才为之一变，这是历史的一大进步。

但近三四十年来的所谓现代文学、艺术，又和大众疏隔起来了。这种疏隔，与贵族时代主要不同之点，过去是来自教育的不普及；而今日则是来自文学家、艺术家特异的观点和表现的特异的形式。

抽象画、意识流的诗，可以自己结成团体，互相欣赏一番；大众所能接受的依然是以结构、对象、主题为基点。

1964.03.24

六

  普遍的人性，是抽象的；在实现时，必定凝结而为某一民族的民族性，凝聚而为某一伟大作家得到民族性的塑造之功的个性。

  因之，有人说，"世界文学"，乃在深澈于自己的民族性、个性之中，绝不存在于自己的民族性、个性之外。

  本是中国人，而自己在意识上否定自己是中国人的，他是没有能力接受中国文化熏陶，把自己排除于中国民族性之外的人。他不可能真正接受异质文熏陶以塑造自己的个性。这种人，只能有"动物的机智"，不可能有文化个性。不可能成为一个艺术家或艺术的理论家。

1973.04.27

中国艺术

一

看美术,是直接诉之于自己的感官、诉之于自己的心灵,在看得不合意时,反省自己的成见,做各种角度的改变和调整。

伟大的艺术家,常常把潜伏着的形象,彰著出来,使人看了,感到原来世界上,人生的意境上,尚有这样幽深、高远、奇崛的形象之美;于是艺术的自身因而更为丰富;接触到这种艺术的人生也随之丰富了。

但现代的艺术家,却只能以极端的"杂乱"、"混沌"来充数。为了要人注意到他们的"杂乱"与"混沌",并加强杂乱与混沌的气氛,便重重地用乌黑、赭红的颜色。

1960.05.24

二

以孔子"三人行，必有我师焉"的好学精神，他的诗教，是前有所承，再加以自己平日不断地歌咏（《论语》："子于是日哭，则不歌。"是孔子平日不断歌诗的），所加深扩大的体验，便把他人和自己体验所得，用兴、观、群、怨四个观念，明白表达出来以立教（把体验用概念表达出来，这中间还有一番理论反省的功夫，两者常隔有很长的一段时间）。

引发诗人兴、观、群、怨的对象是他所遭遇的问题，而兴、观、群、怨的结果是表现为作品。

1979.02.10~14

三

中国的艺术精神，追根到底，即是庄子的虚、静、明的精神。虚、静、明的精神，一方面可以解脱某些僵化了的价值标准的束缚，同时即可承认由生活经验不同而来的各种不同价值标准的平等地位。此即庄子之所谓齐物。另一方面，美是在虚、静、明的精神状态之上所发现、所成立的。

"平、淡、天真"，是中国艺术的基本性格。平是平正、平实，与怪异相反。淡是雅淡、素朴，与装饰相反。天真是未被污染的生命的本来面目，与邪僻相反。

平、淡、天真，可以涵融千变万化。真正地千变万化，最后仍归于平、淡、天真。平淡天真是活的生命。活的生命的自身，即是有限中的无限，即涵有千变万化。

1972.11.11

四

宋人（一时忘其姓名）有首咏牵牛花的绝句，末两句是"老觉淡妆差有味，满身秋露立多时"。三十年来不断地想到这两句诗。每一想到，便觉得满身秋露，站在牵牛花前，低回往复，怅惘不甘的这位老人，好像就是我自己；精神上仿佛澄汰了些什么，感受到了些什么。

淡妆是存在于浓妆与质朴之间的仪态。不是不妆，而只是淡淡地妆；既显出了质朴中的美，又绝不让化妆品和服装压过了一个生命的本来纯洁之姿。这是与心灵融和在一起的从容宁静之美，这是没有凸出的横断面，却有深情远意，让人在这种深和远的意境中，暂时突破人世间的各种局限，而通向微茫绵邈、物我皆忘之美。

一个满身疮痍的老人，骤然与此相遇，把早应当放下而苦于无法放下的许多纠缠，不知不觉地一时都放下了；使自己的生命，随着美的从容而从容，随着美的宁静而宁静，随着美的纯洁而纯洁；感到草草一生中，只有此时才真正忘记了自己，却真正享受了自己。

这种淡妆之美，也是可遇而不可求。而这位诗人，却遇之于墙根架上的牵牛花，使他站在她面前低回玩味，不惜沾上满身的秋露。而我却遇之于这位诗人的两句诗，使我三十年来反复微吟低唱，而不知其所以然。

谁能从淡中发现美，谁能领略淡即是美，大概才够得上谈中国的艺术，才够得上窥寻中国的艺术人生。

1979.05.30

五

画与诗在艺术的范围中，本来可说是处于两极相对的地位。

艺术的分类，通常是把建筑、雕刻、绘画，称为造型艺术，或空间艺术。把舞蹈、音乐、诗歌，称之为音律艺术，或时间艺术。

任何艺术，都是在主观与客观相互关系之间所成立的，艺术中的各种差异，也可以说是由二者间的距差不同而来。

绘画虽不仅是"再现自然"，但究以"再现自然"为其基调。所以它常是偏向于客观的一面。

画因为是以再现自然为基调,所以决定画的机能是"见"。

而画家必是"能见"的人。

诗因为是以"言志"为基调,决定诗的机能是"感",而诗人必定是"善感"的人。

可以说,画是"见的艺术",而诗则是"感的艺术"。在美的性格上,则画常表现为冷澈之美;而诗则常表现为温柔之美。

1964.10.07

六

将诗写在画面的空白上,一方面固然是诗、画在精神意境上已完成了融合以后,在形式上所应当出现的自然而然的结果;但同时写在画面空白的诗的位置,实际也是出于意匠经营,故因而得以构成画面的一部分,以保持艺术形式上的统一。

1964.10.07

七

黄梅调代替了故事发展中的曲折,并大大地帮助了演员的演技。

西方有位文艺批评家,曾经有下面的一句话:"人藏在内心深处的感情,不是写出来,说出来的,而是唱出来的。"(大意如此)唱的腔调,即是感情自身的体现;也可以说"腔调"即是感情的自身。

"平剧",它的"腔调"太复杂太高级了。它是像音乐接近的美,和自然的语言距离太远,不能配合到寻常的生活动作中去。黄梅调完全出自黄梅的民间,它的"腔调",反映出民间自然流露出的素朴的感情,而又与自然的语言相去不远,所以把它融入到电影的动作中去,使戏剧化与现实感,容易得到谐和;而剧情内所蕴含的深厚感情,便很自然而然地通过此一纯朴、婉曼的腔调,表现了出来,大大地增加了演技的效果。

1963.05.28

现代艺术

一

正统的艺术观念是：科学发现自然的法则，而艺术则是发现自然的形象。

一般人所能把握得到的自然形象，乃是没有精神的形象，是不完全的、没有本质的形象；只有艺术家，才能把握到与精神相融、相印的形象。但自然的精神，既不为其形象所拘，也不会离开形象而独在。

人只能把握到有秩序的东西。对于没有秩序的东西，而赋予以秩序，这是人类认知理性的本性。所以能为人所把握的自然的形象，必定是有秩序的。

艺术家依然要通过自然形象的秩序，以把握自然精神所酝酿的秩序。上下、左右、前后等范畴，是构成秩序的基本条件。只要是具有某种形象，便会受到这些基本范畴的规定。对形象的否定，也即是对秩序的否定。

抽象画把形象抽掉了，也等于把人所赖以把握艺术品的某种秩序抽掉了。此种艺术品已成为不能被人所把握的东西。

由形质进入到精神，常有微茫绵邈，难于捉摸的境界。人世间的所谓上下左右等分界，在此一境界中皆无存在的余地。

但此一境界的自身，既非语言之所能拟议，更非画面之所能形容。若欲诉之于语言，则必假借由语言秩序所暗示的言外之旨。若欲诉之于画面，则必假借由形象秩序所烘托出的有中之无。

用语言来否定语言的秩序，这是所谓意识流文学的穷途。以画出的形象来否定形象，此抽象艺术之所以为吊诡。

艺术家乃至道德家，都是努力于自己生命中内在世界的开辟；但是这种种开辟，与自然和社会，是紧密地关联在一起；他可以是对自然与社会旧秩序的否定，但绝非对秩序自身的否定。

1968.02.03

二

人的身体，只有食、色这一类的刺激反应；顺着反应去活动，只是一种无目的性的、混沌的活动。

理性的作用，烛照着血肉的活动，而赋予以价值和方向，以使人做合理的选择，于是人开始能自由而和谐的生存下去。

人们的原始生命力，以其混沌之姿，一股黑气冲天而去，突破了知性而要独自横冲直闯。西方现代一切反合理主义的思想，以及假科学之名以否定人的理想性的逻辑实证论、心理行为主义、精神分析，等等，都是从这一根源中发生出来的。

原始生命是混沌的、丑恶的、幽晦的。所以表现在全盘的艺术上，也是混沌的、丑恶的、幽晦的。

1960.05.24

三

艺术的形象，虽由自然而来，可是作品中的形象，实际含有艺术家的感情、个性在里面；因此，它是主观与客观合一的结晶。所以艺术品的每一形象，并不是模仿而是一种创造。

宇宙间的形象是无限的，所以艺术的创作也是无穷的。创造是要用新的心灵、感觉，来发现新的形象。在发现的过程中，既成的形象，是一种限制、阻碍。

因之，现代艺术家用抽象的方法来破坏形象的运动，可以看作是发现新形象的过程。

目前的现代艺术家，只是艺术中以破坏为任务的草泽英雄；他们破坏的工作完成，他们的任务也便完成；而他们自己也失掉其存在的意味。

1961.08.14

四

现实艺术家的孤独，乃是来自他们自己背弃了人，有意地走向非人的世界。

1961.07.17

五

现代艺术的开创人，主要是来自对时代的敏锐感觉，而觉得在既成的现实中，找不到出路，看不见前途；因而形成内心的空虚、苦闷、忧愤，于是感到一切既成的艺术形象乃至自然形象，都和他的空虚、苦闷、忧愤的生命跃动，发生了距离。要把他内心的空虚、苦闷、忧愤的真实，不受一切形象的拘束，而如实的表现出来，这便自然而然地成了抽象的画，或超现实的诗了。

但一般追随的人,只是要向自然科学的成就,沾润一点余光,以变了又变的心情,求得官能上新奇的感觉。不奇便不新,不新便不能给官能以快感。

这样一来,便为了达到新奇的目的,而宁愿牺牲、破坏艺术的一切传统,甚至否定到艺术本身,连美的观念也把它否定掉了。

究其极,这只是官能的文化、官能的人生下面的必然现象。所以抽象画只讲究颜色,而超现实的诗则特重由文字所堆成的形式,并不重视内容。

1961.09.03

六

在中国文化中把亲子之爱,当作人类爱的根苗。但在佛洛伊德的思想中,则把亲子之爱,事实上变成了"万恶淫为首"的根苗了。

艺术的生命是"美";但美与爱,有其不可分的密切关系。

因为是"美",所以才有爱;因为爱,才能发现美。美,在其最根源的地方,是要受爱的规定的。

现代超现实主义、抽象主义的艺术,它不仅反对传统艺术,而且实际反对到作为艺术生命的"美"。

1961.10.01

七

在中国古代,在德上、在艺术上,都表现出人与自然的谐和、融合的境界。

艺术的创作,是成立于人与自然之间的接触在线。而伟大的艺术品,常表现为人物两忘、主客合一的境界。

背叛了自然的艺术,同时便不能不是背叛了大众的艺术。

因为创造的冲动,与"自然"这种典范所具有的权威之间,切断了联系的线索。这种艺术,是违离了自然的东西。从自然离开了的艺术,也不能不从大众离开。

1961.11.05

艺术家和艺术作品

一

岂特张先生（注：张大千）和齐白石氏的作品是有血、有肉、有个性的作品，连溥心畬氏的作品同样也是有血、有肉、有个性的作品。

张先生对画法的把握，可以说在当代更无第二人，但对中国艺术精神的把握，则似乎还有向上一关，未能透入。

张先生在技巧修炼上的精勤和成就，是两三百年中所少见的，所以他不仅发明了墨和青绿混合使用的方法，增加画面在混沌中的神秘气氛；并且他的墨泼下去，深、浅互相掩覆，达到了张彦远说的"运墨而五色具"的程度。尤其是他使泼墨与工笔在一张画面上得到自然谐和，于浑茫中透出一股灵秀之气；这只有齐白石把浓墨与大红赭协和在一起的本领，才可与张先生比美。

1968.02.15

二

毕加索的变态变调，所以获得他人无法企及的成功，可以归纳为下面的三点：

第一，他的天才，首先表现在他的素描方面。他是以新古典主义的素描，表现他的变态的幻想。有了这一基本技能，才能变化随心，无往不利。

第二，在他作品中，都融注着他自己的生命，都有他的个性在画面中跳跃。

第三，他由民族所塑造的个性，恰好和他所处的时代精神状况有相通之处。

1973.04.19

三

研究毕加索的艺术的人,一定要追到毕加索的个性;要把握毕加索个性的人,一定会追向西班牙的文化遗产,以及由西班牙文化遗产所凝结的西班牙的民族性。

1973.04.27

四

艺术占领人类生活中的一部分;在这一部分中,人可以把许多纠缠困扰乃至污秽的东西,暂时放下,以恢复生命的宁静、愉悦及纯洁,使生活能重新出发;而在重新出发时,能保持生活的正常,并增加工作的活力。艺术对人生的真正意义在此,由共通所展出的人生意义也在此。

1976.03.24

五

文学艺术的高下,决定于作品的格;格的高下,决定于作者的心；心的清浊、深浅，决定于其人的学，尤决定于其人自许自期的立身之地。我希望大家由此以欣赏先生（注：溥心畬）之画，由此以鉴赏一切的画。

六

《红灯记》的唱词及《白毛女》的台词，都相当地警切精练，不是旧平剧的唱词可以比拟的。

钢琴配皮黄调，倒也配得不错。但我不能明白的是，钢琴配皮黄调，较之胡琴、月琴配皮黄调，好处是在什么地方，以弦索配唱词的平剧，经过百多年的磨炼，可以说达到了情与声谐和无间、水乳交融的程度。有什么必须要非费这大的气力，改用钢琴配调不可？

所有的舞姿（注：白毛女），大概从芭蕾舞解放出来，融合了许多民间的舞姿，并采入了平剧中的若干身段，以凝成一种带中国泥土气味的舞蹈。我想，这一条路是相当正确、而也获得了相当成功的。

1970.10.12

七

作为梁淑怡开台戏的《名流情史》的失败,是剧本问题,不是演员问题。

自从亚里士多德提出Plot的重要性以后,除了意识流小说和白日梦诗以外,没有人能违背此一基本原则而能获得成功的。日本人把Plot译为"筋",值得我们玩味。

《名流情史》的情节,有如海里的"水母",只是一堆小动物集结在一起,可随意割掉一些,也可随意拼上一些。其中没有"筋",没有故事的"主线",我认为这是很失败的一点。

1978.08.15

文学

为人生而艺术、为人生而文学,这是东西艺术、文学的主流。人生不是孤立的,每一个人必生长于社会群体之中;真正的文学,是对人生的批评,是对人生的开辟。批评得愈切,开辟得愈深,即愈可以证明人生是与社会同在,与其国家民族同在。所以为人生而文学,实际也即是为社会而文学,为其国家民族而文学。

文学的根源

一

我们不妨这样地认定：藏在人性深处的爱，本来是很纯净的；正因为是纯净的，所以其本身也是艺术的。通过艺术史、文学史来看，这正是一切伟大的艺术家、文学家所追求不已的方向，也是发掘不尽的源泉。因为这是真正的人性，所以也是真正人性所要求的艺术。

1963.05.28

二

文艺复兴运动的内容,世人多称它为"我的自觉"。

近代我的自觉的开始,便是找出人与物的不同之处,来重新奠定人的地位和责任;这用中国的旧名词说,即是所谓"人禽之辨"。

只有人类才能在自己的情绪中,发生一种自觉,因而从情绪中发展出一系列的文化,以建立人类生活的价值、尊严,即安排人与人的合理关系。

1959.03.02

三

作品中的艺术性问题。

在研究或学习过程中,常从作品中抽出构成艺术性的因素,如结构、修辞等,作独立性的处理。但这只是研究、学习过程中的方便。

这些被抽出的因素的自身是"无记"的,无好坏可言的;各因素的艺术性,要在作品的统一体中,亦即是要在中国之所谓"文体"中始能决定。

将主题通过文字作如实地、有效地表达出来,这即是文学中的艺术性。所以艺术性是附丽于内容而存在,可以说这是出自内容自身的要求,无所谓独立性的问题。

1979.09.25

四

诗人之所以成为诗人,是因为他经常保持一颗纯洁的心,经常用一颗纯洁的心来观照世界,常常感到世界的缺憾,因而发出补救缺憾的呼声。

仅仅是歌功颂德之流绝不能成为诗人。

1957.05.01

五

余先生(注:余光中)对此诗评鉴的重点,是放在后面所作的哲学性的解析上。

哲学是"方以智",诗则是"圆而神"。拿着哲学式的固定格式来评鉴诗,可能说得愈高,离诗的本质愈远。

中国诗的大统,其本质是感情而不是哲理,则是可以断言的。当然二者不可断然截断,但也必有主从之分。

1979.05.22

六

穆尔顿在其《文学的现代研究》中所指出的,"世界文学,乃是以各民族文学为立脚点而向前眺望,才能成立"的意见。根据他的意见,不能把握自己民族文学的人,不可能对世界文学有所贡献。

在文学艺术方面,民族与民族之间、时代与时代之间,在做比较时,不可轻易用"进步"的观念。艺术的发展,是"变化"而不是"进步",这是目前大家所共同承认的。假定这一观念不澄清,则民族风格的建立,会遇到许多困难。

1964.03.24

七

想象,不仅应用到文学里面,有时也应用到科学,尤其是史学里面。

在文学与史学的想象中，假定要做质的区别，我可简单说一句，挟带着感情的想象，是文学的想象；不挟带感情的想象，是史学的想象。文学的想象，可以说想象的自身便构成文学。史学的想象，则只能作为搜罗与解释史实的导引，想象的自身绝不能构成史学。

八

我的看法，由感情所推动的想象与感情融合在一起的想象，这才值得称为文学的想象。不是与感情融和在一起的；这便非想象而是空想。

文学之真，指的是在想象中的感情，及由想象所赋予于感情的力量；感情是人生之真，所以与感情融合在一起，并对感情的表出给予以莫大助力的想象，便也是真的。

若从想象中抽掉了感情，也就等于从想象中抽调了真实，于是我们便应当称之为空想。由空想所构成的作品，可以满足人的好奇心，有如推理小说武侠小说之类。

但写得再好，也不过是三流以下的文学。

1980

九

有了某种感情，便常自然而然地要求某种想象来予以满足。因为感情的积郁，只有在想象中方可加以发抒，而发抒即是满足。

感情是幽暗飘荡，无从把握的东西。感情的发抒，即是感情由幽暗而趋于明朗，由飘荡而归于凝定。要达到这一步，最好是不要诉之于概念性的陈述；因为若是如此，便可能进入到哲学或其他学问的范围，而渐脱离了感情的本质。感情发抒的艺术性，常常是感情的形象化。

由感情的积郁太深太厚，不是日常生活范围中的想象可以表达出来，便常常不知不觉之中，深入到神话中去了。因为屈原是"忧心烦乱，不知所愬"，所以离骚中的想象，便常和神话结合在一起；他不知所愬的感情，便由想象所连接的神话共飞扬上下而驰骋。并且可以说，只有经过作者涂上了感情的神话，才能成为文学取材的一种重大要素；否则神话是神话，文学是文学。

由感情逼出想象所构成的文学，这常是第一等的文学。《红楼梦》所以能成为第一流的文学作品，是因为《红楼梦》中的想象，主要是由曹雪芹"字字看来皆是血"的感情所逼出来的。这是感情在先，想象在后。但更多的情形，则是想象在先，感情在后；感情是由想象所引出的。

1980

一〇

想象是文学表现的重要手段,但并非是唯一的手段。想象以外,还有推理、体认、观察、观照,等等。但想象经常或多或少的与上述那些手段,亲合在一起,使其得互相发挥的效用。

想象与观照,似乎是立于对跖的地位,最不容易发生亲合的关系;因为观照是"现前"的事物,而想象则不是现前的事物。在中国的诗里面,写景占很重要的地位,亦即是观照占很重要的地位。但把想象与观照作关联的表现时,却反而可以增加表现的效果。

在观照中的想象,它所含的感情,多是淡、薄、虚、和的感情,所以感情的气氛不够浓厚;常常是隐而不显。但不能因此忽视了文学的想象,必然会和感情连接在一起的这一事实。

一一

所谓联想的想象,是"依类隐身"出来的想象。我国《诗经》中的比和兴,都可以说是这种联想的应用。

诗人通过自己联想的想象,将两个本不相干的事物,融合在一起,此时的想象,自然而然地不发生真实不真实的问题。由此种想象所烘托出的欣慰的气氛,乃人情所应有,这便是文学的真实。

联想的想象的尽量发挥,常表现于小说创作之上。我的看法,一部成功的小说,都是通过联想的想象,把散见于社会中的某些现象,以凝缩成一篇小说中的情节;把散见于各种人群中的某些生活,凝缩为小说中的人物;联想力愈大,凝缩力愈强的,小说中的情节和人物的典型也愈大愈强。这是文学家通过创作的心灵,创造出写"原始资料"无法表现得出来的真实。科学的真实是由科学家的发明而建;文学的真实是由文学家的"发见"而得。而发见的最大工具便是想象。

一二

"解释的联想",所谓解释,主要是指向两个方面。

一是对于某种情境所含有的意味的解释。哲学家对意味的解释通过思辨;文学家则常常是通过描写,以使某种意味成为人们容易感受到的具体形象。所要表现的意味若是真实,则为了解释这种意味所成立的想象也是真实的。

解释的想象所指向的另一方面,是人的行为动机;由动机而衔接到心理状态。文学家之所以成为文学家,便是在他不走科学的调查、实验之路,而只凭自己由经验、体认所积累的想象之力,以得到目前心理学家所无法得到的解释。

这种由想象而来的解释，在文学中则是常例；此种解释的真实性，决定于所能解释的程度。如果解释得天衣无缝，使读者所挟的疑团，涣然冰释于不知不觉之中，这也是发现了一般人所不能发现的真实。

1980

一三

从创作动机讲，中国文学，可分为三大类型，其中第一类型是"由感动而来的文学"。

感动可分为两种，一种是劳人思妇的"基源性的个体生命的感动"，这种感动是个人的，"同时即是万人万世的"。另一种是诗人在群体生活中生根，由此而发生个人与群体的"同命感"，由同命感而来的"群体生命的感动"。

由上述两种感动而来的文学，即是中国文学的真脉。

1980.02.27

一四

　　一般人的心理状态，并不表现于行为之上（语言也是一种行为）。而"深层心理"，也不表现于一般意识活动之上。未表现为行为的心理，未浮上到意识层的深层心理，可能是人生中最真实的一部分。

　　对于上述的心理状态，若通过想象的手段表达出来，这便近于一般所说的心理小说。不通过想象的手段，而要当下就深层心理的原有状态表达出来，这便是意识流的小说和白日梦的诗。

1980

一五

　　真正的文艺主流，必然是出于作者由某些事物冲击所引起的内心感动或感愤。

　　作者的感动、感愤，是把许多人所共有却无法表达出，作者以特出表现能力，把它表达出来，以引起读者"不啻若自其己出"的感受。或者把许多人不曾认识到的某些事物隐藏的本质，作者以其特出的感悟能力，把它发觉、彰著出来，以引起读者如醉方醒、如梦方觉的感受。

作者不同于一般人的是他的感悟力及表现力，作者同于一般人的是由良心深处所发出的感情。

引起感动、感愤的对象，粗略地说，不出政治、社会、人生三大端。但在民主政治之下，题材的重点多环绕着社会、人生；在封建制度之下，题材的重点必然是政治。

1982.02.08

一六

缺乏对人生、社会的感受性的人，乃至对这种感受性轻易予以放过，而不加珍惜、凝定的人，便不易成为一个作家。

有表现能力的青年应经常保持对社会、人生的关心态度，由冷静的观察、体认，而酿成心灵的感动，并珍视此种心灵的感动。这一刹那的感动可能并不会构成一个作品的内容、结构；但也应迅速用最直接表现的方式，把它记录下来，使它以一种"随感"式的东西保留下来，作为更大创作的准备。

一个有志成为作家的青年，在精神上首须从自己生活的小圈子中解放出来，使自己的心灵，能直接和广大的社会人生照面。

未动笔以前，应经过长期的酝酿。所谓酝酿，是指有了写的材料与动机以后，并不立刻动笔，而把它放在脑筋里转来转去的一种情形。

酝酿了三五天，甚至于十天八天。第一，要写的主题慢慢地明确了。第二，环绕着题材的烟雾、渣滓、慢慢地淘汰掉了。第三，初次所得的感动、慢慢加深，而且自然有若干修正了。第四，写作的气氛、气势，慢慢地积蓄浓厚了。酝酿成熟之际，即天机畅顺之时，此时的一挥而就，方能发挥出自己的力量。

写的过程，即是创造的过程。在酝酿中所形成的轮廓，只不过是一点引子，不仅随着写时的思考、想象的深化而可加以修改；并且也可以有勇气的完全加以放弃，搁下笔来重新酝酿。在动笔以前及动笔中间的酝酿工作，这是自己向自己所具有的潜力的发掘。

一篇短文总要经过三次修改，并且修改最好是在隔天以后行之，才能勉强没有字句上的大毛病。

一个人要在酝酿中培养自己的创造能力，要在修改中培养自己的写作技巧。能耐心地改、忍痛地改、改得改头换面，以至字斟句酌才是真功夫，这才是真本领。

1960.04.16

一七

　　人类最多的幻想，是活动于文学艺术领域之内。至于宗教，系以幻想为生命，乃历史上无可争辩的事实。宗教的神迹，人在理智上加以拒绝，却时时在感情上加以保存。

　　杂着幻想所建立起来的圣人，这也出于人类追求至善的意志；人性中含有道德理性，便可以产生这种意志。"至善"，也许和"至美"一样，对现实而言，只能称为幻想。但对至善、至美的追求，是人从现实中升进的一种力量；因而由艺术理性及由道德理性发出的幻想，不是与真实相冲突，而是要求人类发现更多、更大、更深的真实。

　　人不可以完全生活于幻想之中，但人若完全生活于现实之中，没有一点幻想，这将成为冷酷、机械，没有将来、没有社会。这种纯现实的人，其所给予人的生活上的不安及对人类前途的威胁，较之有过多的幻想的人，或更为严重。

1966.04

一八

　　"白话"是口里所道白的话。把口里所道白的话，用文字写了出来，此即所谓白话文。以文学的目的来写，并且写出了以后，也值得称为文学作品，此即所谓白话文学。

说的话，是说者与听者互相了解的桥梁。所以同是白话也有好坏之分。最基本的衡量标准，就是作为桥梁的效率。

在用口说的时候，十句话中，总有几句说得并不完全但依然可以使听者听懂，这是因为得力于说话的神情、姿态、口调的帮助。把说得并不完全的话，照样写下来，而失掉了那些帮助，便不能使阅者看懂。白话文并不是"我手写我口"；而是要把我口回到我的心里，重新经营一番，才可以写出来作为写者与读者的桥梁的。下笔以前不经营、下笔成篇以后不修改，再是天资高的人，也不会写好白话文的。

白话所以成为文学，必须在作品中有更新、更深、更厚的文学内容，这便涉及的文学家的修养问题。文学家也和一般学问家一样，永远要保持新鲜的感觉。

文学家的新鲜感觉的对象，常常涉及于活的人生、社会。因为有这副新鲜感觉，便对自己的生活及生活的周围，都能发生兴趣。由有兴趣而观察下去，思索下去，便能在极寻常的事物中，发现出一般人所不曾、或不能发现的意味。顺着这种发现的意味，驱遣熟练的白话文写了出来，这便是文学作品。

1971.07.01

文学的社会性

一

五四运动以来反对"文以载道"的传统观念。但若文艺是人性的表现，是人生的表现，则一个成功的作品，为什么对于由人性所发出的人之所以为人之道，一定要立于敌对的地位呢？

道德的教条，不能构成文艺。文学中的道德问题，常是用暗示性的表现技巧。但相反的，反道德的黄色说教，赤裸裸地反道德的情节，未必便寓有艺术性吗？

作者本身是人，读作品的也是人。一个作者只要有人的自觉便自然会有对社会的责任感。作品的伦理道德性是出于作者人性自身的要求。

若作者对道德感到是一种压力，对社会感到不应有什么责任，则此作者的人性，已与一般正常的人性相隔绝了，而只想从对人性弱点的掠夺中，获取自己的利益，这种非法的前途是不大可靠的。

1963.05.24

二

为人生而艺术、为人生而文学，这是东西艺术、文学的主流。人生不是孤立的，每一个人必生长于社会群体之中；真正的文学，是对人生的批评，是对人生的开辟。批评得愈切，开辟得愈深，即愈可以证明人生是与社会同在，与其国家民族同在。所以为人生而文学，实际也即是为社会而文学，为其国家民族而文学。

把自己深切所感到的人生社会问题，挟着深厚地"同感"，以艺术性的文字媒介表现了出来，这即是文学。其中表现得更具象化、更形象化的，要算诗与小说这类的纯文学。

1968.04

三

　　编选文学作品，可以有许多不同的目的；但在许多不同的目的中，以通过文学作品来把握一个时代的动态，应当是最重要的目的。环绕新文学所发生的争论，不仅可以给尔后的文学工作者以许多的正反两方面的启示；不仅可以为想了解当时的作品提供很大的帮助；更重要的是：这种争论，常常直接表现出一个时代的精神动态，尤其是为了把握大变动时代的精神动态，更为重要。

1968.03.31

四

　　文学的社会性，是构成文学价值乃至构成文学自身的基本条件。

　　文学作品中的社会性，是通过人的感情，心理状态的活动而展开的，即是通过人性的活动而展开的。人性发掘得越深，越可以发现在具体的个别的人性中所含的共通性越大。于是在作品中的"共感"越强，由具体形象所反映出的社会性也越丰富。谈文学中的社会性，而不进入到人性的把握，这种社会性是无根的。

"世界文学"的观念，是哥德提出的。哥德提出的根据，即在成功的文学作品中所表现的人，是个别的、具体的，但同时也是普遍的、共通的。所以伟大的乡土文学、民族文学，同时即是世界文学。

凡是值得称为文学作品的，必然是对现实的政治、社会、人生，带有批评性的。批评性的消失，即是文学自身的消失。

1978.03.07~21

五

政治家与文学家，有共同的对象——作为集体生活实体的社会、国家、民族；有共同的课题——对那些无穷无尽的问题的解决；并且有共同的心灵——对那些问题能思、能感的心灵。

文学家是通过文字的艺术性以作精神上的解决，而政治家则通过权力运用上的艺术性以作行为上的解决。

文学与政治合作最密切而最自然的时代，乃出现在为求民族、国家的基本生存而对外作悲惨的自卫战争的时代。

1968.04

六

　　由周公所奠基的周室政权，承认了人民对统治者作批评的正当权利，并给予文艺以创作的自由。这种情形，虽然因秦时大一统的专制政治的出现，而受到很大的压制。尤其是自唐以后，勒在诗文创作上的绳索，一天紧一天；宋已不断出现诗狱；……到清代，则每一次文字狱牵连之广、残杀之酷，又非过去朝代所能比拟。但清代以前，对朝廷提出直言极谏之士，依然是史不绝书；而杀戮谏臣、言官，几乎无不视为烱戒。

　　这依然应视为两千多年来由惊呼、哽咽、惨叫所表现的民族生命挣扎的统绪的传承。此一统绪的断灭，即反映出民族生命也将归于断灭。

1982.02.08

文学的民族性及世界性

一

"外国文学,对我们能起什么作用"的问题。

"只有学,才能知道什么是有用,什么是无用。"且因为学所达到的层次不同,对于有用、无用的判断也因之不同。因此应当把学与用,分成两个阶段。

在学的阶段,只可对作品作客观的分析、综合,以求把握它的背景、主题、结构,及其表现上的技巧;这是纯知识活动的阶段。此一阶段告一段落时,才落向有用、无用的价值判断的阶段。

把价值判断,过早介入于知识活动之中,由此所得的知识即根据此种知识所作的价值判断,在效用上依然是可疑的。

所谓"批判地学"的"批判",是贯通于两个阶段之中的。第一阶段的批判,是知识性的批判。学自身的历程,即是批判的历程。第二阶段的批判，是价值性的批判。

什么可作为价值判断的基准呢？就一般人来说，我以为应当是"我心甘情愿地当一个中国人"的意识，及由此意识而来的国家人民连带在一起的不容自己的责任心。

自贱自卑，崇洋媚外的各种丑态，皆源于缺乏这种意识与责任心。

1978.03.07~21

二

文学家是向人性更深、更完全的地方探索的人，文学作品是对人性作更深、更完全的表现。突破民族的偏见，使人性能表现得更深更完全的文学，即是世界文学。

首先，人性是内在的实存（Existenz）。将实存通过文字的"媒材"而表现成为文体（Style）时，不仅文字、语言，与某一民族的传统、社会，有密切的关系；并且在文字语言中所用作象征的事物，主要的也必是与作者的生活密切相关，而为作者所能亲切把握到，因而能运用自如的事物。因此，不论怎样发掘到了世界性的人性，但其成功的表现，必然带有民族的风格。

其次，人性的实存必因感到有某种"问题"而始会从潜伏状态中发生要求表现出的冲动。所以文学、艺术，对人性的表出，实际是"人性"对"问题"的对应。没有问题，便没有文学；乃至不值得称为文学。问题越深，人性的表出也便愈深。就常情来说，一个人对于他所由以生、他所由以长的民族中的各种事物，是他所能感受到的最真实、最亲切的问题点之所在。因此，同样的人性，当其以"问题"的具体性，而形成一个作品的内容时，假定是一个成功的作品，也必定会带有民族的风格。

一个人，若对于与他血肉呼吸相连相通的自己的民族的问题，麻木到一无所知、一无所感，怎么对于与自己距离较远、感情较疏的世界，能提出真实的问题，以形成一个作品的内容呢？

1964.04.22

三

文学艺术的理论，中西都出于体验，在根源的地方是可以相通的。

中国体验所到的最高意境，常较西方出现得早；但不仅这类的意境，愈到后来愈显得萎缩；并且始终停顿在结论性的简单语句上，缺少由分析而来的理论构造，使现代人不易把握。

西方文学艺术所到达的最高意境，例如"文即是人"这种意境，甚至感情是文学艺术的生命的这种事实，要到十八世纪中后期才出现；但它一出现后，即经过反省、思辨之功夫，将体验赋予以有系统的理论结构，使体验能因理性的照射而透明于想领受的人。这正是中国所缺少的。

1979.03.12~13

四

中西文学艺术的体验，只能从最根源之地相通，不能硬把西方的格套，向中国文学身上硬套。把西方的最根源的体验，融会贯通，加以运用，也不是一个简单问题。而由一九二〇年左右起，西方所兴起的达达主义这一系列下来的文学、艺术风潮，更反成为把握西方文学艺术主流的障碍。

1979.03.12~13

五

有的研究西方文学的人士，曾倡言"中西文学之不同，在于中国文学中的想象力的贫乏"。

一方面是：在中国传统文学中，实用性的文学——序传、论说、书奏，等等，占有很重要的地位；在这类文学中，当然不容许有丰富的想象活动。西方因报纸杂志等的发达，实用性的散文，在文学中已日居于重要的地位。

另一方面，即是就中国文学中的所谓纯文学而言，若说它的想象力贫乏，等于是说中国文学的贫乏。因为没有想象，便没有文学。

中国从西周初年起，已开始摆脱原始宗教而走向"人文"之路。人文的世界，是现世的、是中庸的、是与日常生活紧切关联在一起的世界。

在此种文化背景、民族性格之下，文学家自然地不要作超现世的想象；不要作惨绝人寰，有如希腊悲剧的走向极端的想象。中国文学家生活于人文世界之中，只在人文世界中发现人生，安顿人生；所以也只在人文世界中发挥他们的想象力。

中国不发展史诗（《诗经》中便有不少史诗），是因为中国的史学发展得太早。中国不出现悲剧，是因为中国民族的性格、文化的性格，不愿接受走向极端的悲剧。这其中没有能不能的问题。

1980

六

  一个民族的诗歌创作,见之文献纪录,三千多年,绳绳不断的,世界上只有中国。

  假定我们诗歌的传统也不如西方,那么我们便真是劣等民族。

  因文化背景的不同、因文化指向的不同、因语言的结构不同,在根源性的感情和表现技巧上也是必同中有异;在这种地方,无优劣可言。

  当希腊的悲剧压倒一切时,中国则抒情诗压倒一切;中国既不必以抒情诗的发展而自傲,也不必以缺少希腊性的悲剧作品而自卑。

  经过《楚辞》而出现汉代体制雄伟的词赋,这是西方所无的,何以因为中国没有由缀辑而成的《荷马史诗》,便发生对中国诗的恐慌情绪。

1979.03.12~13

七

　　一个真正的文学家，必然的是一个爱国主义者。因为文学的心灵，只有在自己国家的土壤上，才能生根，才能发荣滋长。文学心灵的成长，必然的和爱国心成正比例的。

1974.03.26

论文学

一

到了明代,却把以艺术的形象性为主的文体观念,误解为以"文章题材作标准"所作的文章分类;并由此一误解而选印了几部大书,如《文章辨体》《文体明辨》之类;他们此处所说的"文体",按明以前的观念,实际只是"分类"。

日本凡是专门研究文学的人,尤其是研究西洋文学的人,则对文体一词的观念,除了解得清清楚楚,并且凡是遇到西方文学著作中Style一词时,除了用音译之外,绝对多数,即以"文体"一词译之。

遇着Stylist一词时,便毫无例外的,一律译为"文体论"。

由研究文学者所编的辞典,对于文体一辞所下的解释,亦无不与中国文体原有的观念相合。例如《日本文学大辞典》第六卷第72页"文体"条下,"文章尤其用语如何?修辞如何?内容如何?作者个性如何?而生出种种文体……"

一九五四年研究社所出的《世界文学辞典》1056页A"样式"条下,先注明Style,Stil,而说明,它有广狭二义;再接着说:"它的原语Stilus是指笔记用的金属制尖笔,一转而为文章的写法,含有文体的意味;在诗学,修辞学,尤其是在文体论中,自古以来,即是这种用法……"

1962.02.16

二

中国文化,因二千年专制政治之压迫而变形、而萎缩,文学自非例外。阮籍之《咏怀诗》,今日吾辈读来,只能接触其一副悲凉、激越的感情,至各首内容,则多半近于猜哑谜,这只是在政治压迫下,不得已而出此,并非诗之本身做法,非如此不可也。

后人误解温柔敦厚之旨,以猜哑谜式之表现方法为诗法之正宗,直至现在,犹奉为圭臬而不知改。

1958.05.01

三

何以诗人的良心就是人民的利益与愿望呢?

在人生命中的心,没有受到自私自利的污染时,便称为良心。孟子说"心之官(任务)则思"的"思"字,是广义的,把"恻隐"、"是非"、"羞恶"、"辞让"乃至思考想象等,都包括在里面。就文学讲,也可以说"心之官则感"。感是"感通"、"感动"。他人的不幸,自然进入于自己的心中,有如自己的不幸一样,这是感通。随感通而涌出恻隐之心,这是感动。

诗人是保持着自己的良心,而感通、感动,较一般人更为锐敏的人。所以诗人的良心,必然以国家人民的利益、愿望为其真实内容。

真的文学作品,便是把这种内容写出来的作品。

1980.02.27

历史与思想

中国文化的传统,论人,则论其大节;论政,则持其大体。论大节,持大体,一方面可以维系人道政道前进的大方向,同时也可以得到社会政治的安定和平。专注小节,势必忘记了大节;坚持小体,势必疏忽了大体。以此论人论政,本末倒置、轻重失权,结果乃大乱之道。

一

政治是一种权力，权力是人类无可如何中的不愉快的产物。凡是正统的中、西政治学说，无不以限制权力为第一义。

1952.05.01

二

民主政治由多数所决定而须要统一的行为，乃是一种极被限定的行为。每个人大部分的行为，尽管有其若干共同趋向、并承认若干共同标准规约，可是这是由传统、习惯、教育、文化等而来，并不是由政治的多数决定而来。

民主政治的起点，便是要使政治愈少干预人类的生活行为便愈好。假定人类的生活行为，一一由政治去决定，则不论通过任何方式来决定，都是极权的压迫。

行为的后面固然有其思想根据；但政治上，行为与思想的关系，并没有逻辑上必然的关系。相同的思想，在政治上可以趋向不同的行为；相同的行为，在政治上可以来自不同的思想。

民主政治，只问现实的政策，不问政策后面的思想；所以政策的统一，行动的统一，并不就是等于思想的统一。

以修己治事来作治人的要求，儒家从道德的立场要予以限制；近代民主政治从人权的立场也决不许可。

1952.05.01

三

民主政治的少数服从多数，只认为这不过是以数量来解决问题的明确办法；由多数所代表的意见的优势，不过是相对的，一时的；因此是根据一定的程序可以改变的。

民主政治的基础，是安放在可以经过和平的程序，自由的修改政治上的错误之上；因此，少数服从多数，只有在多数保障少数同时存在，才有其意义；只有在多数与少数可以自由变动的情形之下，民主政治才是以其"运用的形式"来接近政治上比较绝对是、非，和绝对利、害；这决不是由多数者的政治内容所能代表的。

在儒家，只问人民的好恶；在民主政治，只是基于选民自己利害的选择。

人民的多数选择，可能是一种错误；而民主政治正是给人民以自由地改正错误的保障。

若是认为多数即是代表真理，则民主政治改正错误的机能便归于消失，这即意味着民主政治整个机能的消失。

1952.05.01

四

西方精神的主流来自希腊，而商业正是希腊文化的社会背景。在商业行为中，卖主"漫天讲价"，买主"就地还钱"；从价高、价低的相反意见中，互相商讨，得出一个折衷的数字，这便完成一件商业行为。此种行为，是表明与反对者的商谈，因而承认"反对者的价值"，是解决问题的关键。

其反映在政治上，便成为以"会议"为生命的民主政治。近代的会议政治，可说是此种精神发展的最高形态。议会中必有反对党，必有反对意见。没有反对党的议会，不是真正的议会；没有反对意见的会议，不是真正的会议；不承认反对者的价值,即不能构成赞成的价值。

因为没有问题,则何必会议?没有反对意见,则何以成为问题?不经过与反对者的折衷辩论,则问题何以算得解决?所以承认反对的价值,是会议的生命,即是民主政治的生命。

会议之所以要承认"反对者的价值",因为只有在此种精神之下,各方才能在正反辩论的过程中,一层又一层的互相剥落彼此的私见、偏见,最后只剩下个人冷静的理智,与问题本身的客观法则。由客观的法则来决定问题,而不是某些外在的权威、意气、感情在决定问题,这才是问题的解决,这才能发挥会议的真价值。

1953.06.16

五

为什么裸体的正义,结果会成为不正义,尤其是在政治上是如此呢?

人总是人,而不是神,每一个人都具有许多先天后天的缺点。正义与感情融在一起,才能发生行动,而感情便常会反过身来冲破正义;所以一个人在感情冲动下所认为正义的行为,在感情冷静时,多少会引起后悔。权力面对欲望的诱惑时,其危险性比感情冲动的危险性更大。礼的第一个作用便是节制个人的感情，节制个人的欲望。

……

一个国家，一个社会，有各种不同典型的人，有各种不同性质的事，有各种不同角度的观点与利害。所以直线式的正义，实际只能成为一部分人的正义；尤其把自己所认为正义的，直截了当的加在旁人身上，常常会成为对旁人的伤害。所以礼主张"谦"，主张"让"。"谦"是不把自己所认为正义的，当作唯一的正义；"让"是容忍，接受他人与自己不同的意见。在"谦"和"让"中，想出一种曲折谐和的方式出来，使不同的人与事，得到共同承认的途径，这便是"礼"，所以《礼记》上说："夫礼，所以制中也。"

1961.06.27

六

儒、道两家，想出了如何领导政治的、有系统、而且有永久价值的"君道"，又想出了政权改变时的禅让形式；但毕竟没有在客观制度上建立起凡参与政权的人，即使都不是圣贤，而也必须作和平改变政权之实，则君道便只有落空，禅让也徒供假价。这里可以看出中国政道之穷。

1963.12.01

七

从政治的目的说，可以分成两大类：一类是为人民而政治，一类是为统治者而政治。

我国先秦时代的儒、道、墨三家，都主张为人民而政治。但历史中所出现的，却是恰与此相反的君主专制；这是因为没有想出与目的相适合的手段。此一手段的提供，不能不有待于近代的民主政治。

1963.03.10

八

在政治方面，我经常关心到在落后地区，如何能建立起稳定的民主政治，以使统治者与被统治者，都能避免循环残杀，因而奠定现代建设的基础。"稳定"与"民主"，在我看，是不可分的，所以政治的民主化，不管在过程中有多少曲折，这是落后地区国家自救的唯一的道路。

1963.03.10

九

有人拿自由来抵抗责任，也有人拿责任来抵抗自由。

其实，没有自由的责任，是奴隶的责任，结果也一定会取消掉责任。

没有责任的自由，是暴乱的自由，结果也一定会取消掉自由。

自由与责任之不可分，这是人类生活的长期经验事实，不须要什么特殊理论来加以论证。

1963.10.02

一〇

把民主政治与社会主义结合起来，以形成真正的民主的社会主义，或者是人类今后前途的一条大路。

1970.11.12

一一

没有个人自由,便没有民主。而个人自由的绝对化,便同时意味着对民主政治的损害。

1972.03.09

一二

民主政治的实行,需要大家有共同的容忍精神,对异己者的容忍、对于失败时的容忍,对于程序中所耗费的时间的容忍。容忍精神,来自理性对各人权力欲望的自我限定。

1972.03.11

一三

历史的铁则是不会有的;但在各种曲折中,必定有一个大的方向。简单说出来,即是使平等与自由获得调和、个体与群体获得统一,这将是人类在无数苦难,无数曲折中所始终不渝的大方向。

1972.05.22

一四

民主政治,是一套政治运行的形式。在此一形式之内,可以容纳各种政治内容,而决不固定于某种唯一的政治内容。何种政治内容,可以居于支配的地位,是在一定的期间之内,由人民来自由加以抉择的。

资本主义、社会主义,都是政治的内容。

民主政治的兴起,也必须以新兴的市民阶级的政治觉悟与需要为基础。新兴的市民阶级发展为资本家,形成资本主义的社会,并不等于说明民主政治乃资本主义的产物,与资本主义有不可分的关系。

资本主义所发生的问题,并不等于就是民主政治所发生的问题。

1972.06.13

一五

以大多数人民的意志为主体的民主政治，不断会向左、向右，发生修正的作用，使其适合于大多数人民的要求。正常的大多数人民的要求，或者可概括为我过去所说的"中道的政治"。

1973.03.23

一六

民主政治一定要有一种价值观念来支持。这样，民主政治才能产生正常的作用。若价值观念一旦丧失，有些民主政治变成僵化，在民主、自由之下，许多人只做坏事不做好事；有些民主政治便夭折，或变成伪装。

1974.07

一七

民主政治，可以从许多角度去了解它。这里提出的一个角度是民主政治，是在情、理、义、利之间的政治。

情与理，是在人的生命里的两种动力；义与利，是在人的行为中的两种不同的动机与要求。

人类文化进步到某一程度时，必引起情与理，义与利，两者间的互相对立，引出以理制情，以义制利的要求。这种要求首先表现在高级宗教之中，接着也表现在一般文化之内。

在知识上，我们常须将情与理，义与利，辨别得清清楚楚。在个人修养上，常须做以理制情，以义制利的功夫。但在实际生活中，尤其是在大众生活中，不仅任情驰利，不能维系共同的生存；假使把知识上的要求，推之于实际生活，把个人修养上的功夫，扩大为对大众生活的要求；则理可以变为极端的非礼，义可以变为非常的不义。

在情、理、义、利之间的民主政治，正是保障人类正常生存的政治。

有位对希腊哲学很有研究的先生在一篇文章中说一般公民，没有受逻辑训练，则他们投票的意义，根本值得怀疑。这是以西方作为认识准绳之理，来要求在政治上实现。其实，假定人人都有逻辑训练，根据逻辑的分析推理，以从事选举，将发现无一合格之人，无一合格之事。

民主政治的自由投票，主要是由个人的好恶（情）利害（利）作判断的起点。但多数人的好恶之情即通于理，多数人的利即通于义。所以多数的自身，即是情与理、义与利之间的结果。在少数服从多数的同时，多数又须保障少数，这也是情与理、义与利之间的办法。此一精神贯彻下去,民主政治的行动,都是情与理,义与利之间的行动。

1974.09.17

一八

和平,是人类生存的理想,也是人类生存的基本条件。拉长了历史看,只有和平时代才有幸福,才有进步。合理的战争、斗争,是为了克去和平的障碍,清洗和平时代中所积的污秽。战争、斗争,是为了得到和平所暂时使用的不得已的手段;而和平才是人类追求的大目标。

一个国家内部的和平,只能在社会主义与民主高度融合之下,才可以获得。中国在二千五百年前,齐国的晏子已用调不同之味以为羹,调不同之音以成乐的比喻,指出"和"与"同"的分别。这即是认为只有涵融众异以成为统一体,始可谓之和,始能得到和。合融众异以成为统一的理想,唯有民主主义之下才会实现。

1975.10.15

一九

自由与平等本是人类所追求的两大目标。

在极权专制的黑暗时期,人民根本不能表达自己的意志,政治常离开两大目标以满足极权专制者的欲望。

即使人民能通过自由选举以掌握自己的命运,对两大目标的追求,也常不断发生由偏差而来的错误,或以自由抹煞了平等,或以平等抹煞了自由,这都会对大多数人民生活的前途,发生许多灾祸。

民主政治,本是一种"试行错误"的政治。民主制度下的自由选举,是让人民有修正行错误的机会,这是表现民主政治基本价值之一。

试行错误被修正的结果,是使平等与自由的两大目标,可以得到比较近于调和的状态;在此状态下的政治,自然是中道政治,也即是适合于大多数人生活的政治。

1976.10.16

二〇

民主政治下的堕落,是有其他许多因素,决不表示此堕落与民主的本身有密切的关系。并且只要不是玩假民主,则以民主之力，可以发现堕落，挽救堕落。

现在民主政治下的堕落，主要乃由过分的个人主义及资本主义的末梢症状而来，过分的个人主义及末梢的资本主义并非与民主不可分。

1974.04

二一

站在政治、社会的立场，我们只能需要由实事求是而来的体系，不能再需要由思辨而来的体系。

西方哲学的主流，是顺着逻辑推演出来的；在推演起步的地方，也有从若干"实事"中抽出来的经验作基础。但愈推演，离经验愈远，以致当一个体系完成时，与经验完全脱节，而只能说是思辨的体系。

人的历史实践，不是顺着逻辑推理的直线前进的，其中有许多限制、有许多曲折；也不是顺着逻辑推理的必然性前进的，其中有许多偶然、有许多调和妥协。

［……］思辨体系，在实践中会造成中国乃至人类莫大的灾害，假若顺着康有为的大同思想，顺着熊十力先生晚年的"乾坤衍"哲学，以及方东美先生缥缈的形而上学，付之于政治实践，也必然形成政治的独裁，造成人类的灾害。因为他们

的哲学，都是用逻辑推理、再加上类推的想象，以追求自己哲学体系的完整。

凡是喜爱形上学的人，都带有浓厚的独裁性格。把他们限制在纯学术范畴之内，或可形成某种异彩，但决不能转用到政治实践上去。

1981.03.11

二二

兄文有两点，弟不甚赞成，此乃关系于兄之根本治学态度者。一、兄心目中之自由民主，实与戴杜衡诸先生之以虚无主义为民主者实同。戴从此点从而歌颂之，兄从此点而无形中加以贬损之。实则人文之设施，只有在自由民主下才有其可能。而欧洲十八世纪之民主启蒙运动（实系一社会性之理想运动），其底子实亦出于社会人文要求。欧洲近代文化之发展，实与此一点为不可分。而老子实系一虚无主义，仅有其近似民主之一面而已。康德在《什么是启蒙运动》（此文成于《第一批判》书之后）一文中，一面指出启蒙运动即知性运动，一面强调自由解放之重要。故弟决不愿将民主精神与儒家对立，而实亦非对立也。二、兄认为只要树立一理想，爱好此理想，现实即可听命，因而不爱谈现实，此系受西方形而上学之影响，并非儒家精神。儒家是站在现在以通过去未来，从现实中通理想的，所以他本身是一道德实践的性格。今日只有能容许大家谈现实，国家、文化，才有前途，故吾人必争取自由民主。今日最迫切者为大家生活相关之众人文化，而书斋文化亦须落实下来。儒家本身实系一生活体验之文化，因而实系一万人与共之文化。有许多纯理论的东西，有可以落得下来者，亦有落不下来者，即所谓观念的游戏。

1952.04.22

二三

一个真正以儒家精神为命脉的人，无所谓左，无所谓右，而只是一个"中"。落在现实上，仅可由道德的观点不赞成浮薄的自由主义，但决不会赞成反自由、反民主的法西斯主义。因为无自由、不民主，便根本没有道德。仅可由仁心的表露而热爱自己的国家，但决不会落入狭隘的国家主义的陷阱中以致成为侵略主义。因为不爱自己的国家是不仁，因爱自己的国家而危害旁人的国家，一样的是不仁。除了道德，除了仁，还有所谓的中国文化、东方文化吗？

1953.08.16

二四

任何学术思想,若要变成政治的设施,用中国旧的术语说,必须通过人民的"好恶";用新的术语说,必须通过民意的选择。

任何好的学术思想,根据任何好的学术思想所产生的政策,若是为人民所不好、为人民所不及,则只好停止在学术思想的范围,万不可以绝对是真、是善等为理由,要径直强制在政治上实现。

所以一切学术思想,一落在政治的领域中,便都在"民意"之前是第二义的,"民意"才是第一义。民意才直接决定政治,而学术思想只有通过民意的这一"转折",才能成为政治的。

学术对社会国家直接负责,是通过教而不是通过政,教是在自由中进行,而政治则总带有强制性。

1953.10.16

二五

政治与学术的最大区别,是质与量的区别。质要通过量而始能有政治上的作用。因此，政治是以量决定质的。

移学术上重质的观点到政治上来，那就是尼采。尼采的"超人"政治，无疑的是独裁政治。

应该以量的民主政治，更深一层地去理解，它是立足于人文精神的大原则之上的。人文精神，首先承认"生"即是价值，"生"是第一价值。其次，再要求"生"得如何有意义，这可以说是第二价值。第二价值必须安顿在第一价值之上，而不可绕过第一价值，以谈第二价值。

以"生"为第一价值，是对"生"的当下承认，亦即是对量的当下承让。

1953.10.16

二六

民主政治之出现，只是历史上由各种因缘所凑合成的事实，并非出自某些人理论的推演或理想的要求。

民主政治的出现在先，民主政治价值之确立乃至解释，则是事后的追认。假定追认者是出于重智精神，也不能因此而说重智精神是民主政治之因。

若仅从理论上去推，则重智文化固可以产生民主政治，重德文化同样也可以产生民主政治。民主政治之是否真能出现，首先是决定于其历史的许多条件。

1953.12.01

二七

民主政治在各种思想文化的面前，它自己永远是一张白纸，否则不是民主政治。

1953.12.01

二八

根据"自觉活动"而要求民主政治，固然是好的。但即使是愚夫愚妇，根据他现实生活经验而要求民主，说不上出自文化精神的自觉活动，但它与哲学家之要求民主，其价值并无丝毫贬损。否则只靠有自觉活动的少数哲学家，很难实现民主政治。

1953.12.01

二九

西方自柏拉图到黑格尔的"体系哲学",每一个人都把他们所面对的问题及其解决的问题知识,组成一个无所不包的庞大体系。

第一,体系哲学,常常受到知识进步的影响而纷纷崩溃。

第二,体系哲学,一落到现实之上,若不为现实所否定,便在现实中发生流毒。例如黑格尔哲学与纳粹思想的关系;把德意志当作绝对精神发展的终点,这只能代表在拿破伦占领下的德国人的反抗精神,远离现实,因而在现实上会发生流弊,也是事有固然的。

体系哲学的基础,依然是建立在知识上。依然是建立于思维推论之上。知识、思维的活动过程中,势必将异质的东西加以排除。所以科学知识必然是专,必然是偏;体系哲学的概括,结果也同样是偏、是蔽。

人是"异质的统一",由人所构成的国家社会,也是"异质的统一"。在知识的立场,只能顺着异质中的某一质去发展。所以仅通过知识,不可能得到异质的统一,因而也不可能把握到一个整全的人、整全的社会、国家。

1965.12.11

三〇

在正常情形之下,学术与政治必保持着一种距离,因而使学术与政治的关系,成为评判与现实的关系。最低限度,也是理论与实践的互相修正的关系。

1966.06.01

三一

我们之所谓人性,指的是"人生而即有"的一种根源性的要求。这种根源性的要求,当然会受由历史所形成的现实社会条件的限制,而以各种不同的程度与形态,努力其实现。在阶级社会中,可以由个人所属的阶级立场加强人性中某一方面的要求;但不能由阶级立场加以全般的代替。可以由某种特殊力量加以抑压,但不能由任何力量加以灭绝。我们可以说,人性是属于人类自己的,人不否定本身的存在,便应承认人性在大的迈向上是理性的。人类历史,乃是人性自身在各种挫折中所作的挣扎的历史。

对人性的解释可以成为一种"理论",而人性却是"存在"而不是理论。许多职业革命家,把解释人性的理论,顺着人性一时一面的要求,尽可能地用逻辑系统推演下去,以形成包天盖地的革命理论,并赋予强烈的排斥性,于是由人性引申的理论,常常于不知不觉之中推入到反人性的层面。

1972.03.09

三二

中国式的封建主义,系由许多条件所形成的,其中最突出的是"血缘地位身份制度";即是,一个人的地位、一个人所担当的角色与发生的作用,是由血缘的身份所决定的。

儒家基于社会的道德的要求,在其意识形态中依然维持封建社会中的"亲亲"观念,把"亲亲"的观念夹杂到政治中去,使它对于"尊贤"的观念,在统治层中经常取得优势,这便无形地为封建的身份制度,保持了一条活路。这是先秦儒家对政治与社会的分际,区别得不够清楚,因而留下的两千多年之久的大弊害。

1972.06.25

三三

任何实际政治活动总要借某些概念。没有概念的政治，是黑暗的政治。

但问题是：概念是满足人民要求的手段，而人民才是目的呢？抑或人民是满足概念的手段，而概念才是目的呢？

由此一问题更引申出另一不可分的问题是：应由概念决定人民呢？还是应由人民决定概念呢？

再进一层，世人乃思想的工具呢？抑思想是人的工具？

或者，人是最真实的存在？抑思想是最真实的存在？

凡事喜欢谈主义的人，应当在这种地方先弄清楚。

1972.11.04

三四

现代的人，固然可以站在民主自由制度立场，批评儒家思想没有制度化，没有客观化；但若站在专制政治立场，儒家一言一行都是针对着专制政治的，中国二千多年来，不管好与坏，代替人民讲话的只有儒家。现在我们要努力的是怎样把儒家精神和民主结合起来。真正了解儒家思想的人，一定拥护民主制度的实现。儒家的精神亦只有在民主制度下，才能真正实现和保证。

孟子说:"徒善不足以为政,徒法不足以自行。"所以应该善与法合在一起。《论语》上有两句话:"审权量,慎法度。""法"有两个意思,一是法度之法,一是刑罚之法。儒家一直到汉朝,强调法度的建立,《淮南子》就表现得十分清楚,在政治上要成法度,在个人行为上要成理,理就是客观化。

1976.05

三五

思想出于人类的理性,政治则来自人类的权力意志。

思想的影响,是来自人与人相互间的自由而平等的理性的交流;政治的统治来自统治者对被统治者通过权力的强制压服。

思想与政治的结合。从思想看,一方面使思想凭政治权力而得以实现;另一方面,使思想的本来面目必由政治权力加以歪曲、污染。

从政治看,政治常须要由某种思想而得到被统治者认定其为合理而甘心加以承受;同时统治者常将自己的权力意志蒙上思想的面貌,使政治与思想,混为一体而不可分。历史上最大的混乱，常由此产生的。

1976.11.07~23

三六

每一个人或每一个团体，在他的意志发展到某种程度时，便常常需要某种"观念"，以作为支持、充实，乃至实现自己意志的工具。正确的观念，是由吸收许多经验，而将其加以解析、条理，并加以抽象、舍象而来。

观念的是否正确，决定于它所能涵摄的经验的多少。观念涵摄经验的多少，决定于知识面对客观世界所能认识的程度。客观世界的无限复杂性和无限发展性，势必给任何人的知识以限制。在某种知识，已超过了它所达到的限制，而与客观世界不能相应时，则以此种知识为基础所构成的观念，势必与经验脱节，成为现实生活中的障蔽。

以现成而又带有权威性的观念来维护自己、打击他人、支配他人，是不费脑筋、不费气力的最简单最容易的方法。所以许多人宁愿藏身在观念的云雾里，不肯落在地上来正视经验事实。各种主义由有用而变为有毒，以致遗祸于人类，皆由此而来。

1978.07.25

三七

我不了解现实中的政治和政治人物,但我了解书本上的政治和政治人物,尤其是我常常留心历史上的治乱兴衰之际的许多征候和决定性的因素。这便引起我有轻视朝廷之心,加强改造国民党的妄念。

1979.09

三八

通观中外历史,在政治上能及身创业而攀跻到顶点的人,在他起步的时候,多半有若干道德意识或表现,以作为他的立足点,尽管有时是出于"假仁假义";在未揭穿以前,一般人并不知道是真是假。但除历史上一二特出人物以外,一般人当攀跻到顶点以后,却为了自己的身前身后,不惜公开或暗下背叛道德,以种下许多祸根、造成许多灾害,使历史进入到黑暗里面。但历史问题,还是由历史自身来作审判;而在历史的审判中,依然要回到道德问题之上。否则便是人类的毁灭。民主真实价值之一,便在此一制度,当统治者抛弃道德时,可以当下追回道德。

道德没有什么形而上学,只是在诚实的生活上立基。中国圣人之教是"自天子以至于庶人,壹是皆以修身为本";而修身的内容,便是正心诚意。

1974.05.20

三九

运行政治的,是人。他与普通人不同之点,是直接对他人负有责任;地位愈高、责任愈大。政治的实体,是由职权而来的行为。行为的好坏,是来自品格与才智的交互作用;而品格更决定才智运用的方向。

孔子更提出政治与公正的人格不可分。这便是"政者正也"的意义。《大学》言修身、齐家、治国、平天下之道;但特别指出"自天子以至于庶人,壹是皆以修身为本"。并接着说,"其本乱,而末治者,未之有也",这是"政者正也"的思想进一步发展。

1974.12.03

四〇

中国过去称赞做官的人常说："谔谔有古大臣之风。"意思是说配当大臣的，都有一定的抱负，而且有贯彻抱负的风节。这就是所谓"合则留，不合则去"的"义合"（君臣以义合）。现实民主政治，更是拿着政策上台，照着政策做事，为着政策下野。年来风气，做官的人没有任何真正主张，所以也从不坚持任何主张。

他既没有主张，所以国家不论出了什么乱子，都觉得自己官虽大而并无责任。在这样不古、不今的官僚人物之下，政府不会有灵魂，行政不会有效率。

1947.08.28

四一

大多数的人，多半是在他做官的时候不改革，官做掉了，却大谈其改革。在自己范围以内的不改革，在自己范围以外的却大谈其改革。在某一私利目的未达到以前，大谈其改革，在某一私利达到以后，却又闭口不谈。改革是改革他人，革掉他人的混账王八蛋，而换上自己的，加上自己的王八蛋混账。

1949.08

四二

人君(现在的所谓政治领袖),首先承认天下是可信的,问题是在自己能不能为天下所信。人君能为天下所信,天下就团结了。

1951.01.23

四三

政治上人的好坏,不能从人与人的关系上去决定,而是要在人与事的关系上去决定。"忠贞"两个字合用,是对于应当死的时候能够去死的人所用的。真能够死的人,平时不轻言死。没有受着死的试炼,而口头上说"忠贞",这是靠不住的,不值一文的。

所以政治上,若总是在人与人的关系上去打主意,则只有愈弄愈纠纷、愈弄愈糊涂、愈弄愈出派系。只有把人与事结合起来,而看其"效率"怎样;以"效率"观念,代替不详而又无从捉摸、无从兑现、毫无内容的"忠贞"观念,使人人都要在客观的"事"上去比长短;而这种长短,是可明明白白的、摆在大家面前,非空口讲白话可比。

1954.04.20

四四

一般所谓才智之士,总是凭借自己的权势,以与他人较长絜短,而常觉得自己的才智,是高出于任何人的才智之上,于是只要求人听他的话,而他绝不听任何人的话。这便形成拒言逆谏、文过饰非的性格。拒言逆谏、文过饰非,本是一件事的两面。

一个人的智慧的高下及其措施的得失,与他所信任的圈子的大小,有绝对不可分的关系。信任的圈子愈小,则感到敌人愈多;感到敌人愈多,则猜嫌愈甚、手段愈辣。反转来,猜嫌愈甚、手段愈辣,逼使他的信任圈子愈小。

1960.11.26

四五

从我国历史看,凡是开创之主,及身而亡国的,究竟占极少数。何以进入到现代,凡是家天下的人,无不及身而亡。

中国历史上承认家天下的专制是合理的,所以家天下的人,可以得到多数人的承认;而他自己也比较能心安理得;因此,他信任的圈子可以扩大。现代家天下的人,内心也知道这不能得到他人真正的承认,于是经常存有防闲、猜忌之心，信任的圈子，不能不越来越狭小，最后只好集中于他自己家族之上。

家族对于国人而言，那是太脆弱了。

1963.12.01

四六

一般人心目中的所谓英雄，总以为这是能为人之所不能为，以追求比"现实"更高一层的理想，达到比"现实"更进一步的目的。

实际，理想即在现实之中，真能把握到现实，同时即已经把握到理想。敢于正视现实、敢于承认现实、敢于在现实中打开一条路的人，这便是政治家，同时也即是英雄。英雄与政治家的分别，在这种地方，只能在气质和气概上去认取。

从担当一个国家、民族的全般责任上来讲，有许多是政治家而不是英雄；但没有英雄不是政治家的。

1970.12.10

四七

　　我也承认：每一个国家，总需要有一种中心人物，尤其是在危疑震撼的时候。但这种中心人物的作用，固然应表现为对于重大国策的坚持，尤其应表现为树立国家制度根基的热情、及标揭国家政治良好风范的毅力，使国人因此可以容易走上政治客观底运行轨范、并培养遵守客观规范的品德。假定没有后面两点，甚至牺牲后面两点，而仅仅是表现于某一政策的坚持，则其政策纵使非常正确，也将立刻转化为私人权力的工具，消解了此一政策的真实性、社会性与道义性，而使其成为一块涂金的朽木招牌。这么一来表面上是坚持某一政策，而实际上是毁灭某一政策。

　　政治中心人物之形成，是他已经得到了许多因素的凭借；对一般人而言，他是在因缘时会中，得天独厚。这种人对于一个国家的贡献，有时固然需要在权力上表现其为中心，有时则须要他从政治权力的中心，转移而成为政治道德中心。这种政治道德中心的作用，常常较之现实权力的中心，对于国家更为重要。即对这种中心人物的自身而论，他此时是由支配力的中心，转移而为影响力的中心。具有自然的影响力的人物，才真正是历史人物。

1972.09.20

四八

　　中国文化的传统，论人，则论其大节；论政，则持其大体。论大节，持大体，一方面可以维系人道政道前进的大方向，同时也可以得到社会政治的安定和平。

　　专注小节，势必忘记了大节；坚持小体，势必疏忽了大体。以此论人论政，本末倒置、轻重失权，结果乃大乱之道。

　　一个知识分子，以圣贤自期，但若以此要求于他人，以此作为论断他人的准则，则将发现每一个人都失掉了生存的意义，每一个人都算不得是人。这与中国"躬自厚而薄责于人"的圣贤所用的功夫，完全是背道而驰，和中国圣贤"与物为春"的胸怀，完全是两种境界。

1973.08.21

四九

　　所谓权力迷幻药，是指因权力作用，而使人进入到迷幻的境界而言。

　　一个人以各种机缘取得最高权力后，一方面享受着万姓向他低头的滋味，而觉得此一滋味，实含有万般无穷的滋味在里面，自然绝不甘心放弃。另一方面是时间一久，觉得许多人在理论上，在良心上认为不应做的事，他下一道命令就做了，理论、良心都奈何他不得。人世间的所谓学问、道德，他可随意加以玩弄、颠倒，一文不值。

于是他渐渐恍惚起来，觉得自己有超过一切人的能力，这便由享受而进入到迷幻之中，认定他的国家、民族，只有由他一个人而始可以得救。他对权力的爱好，幻成为他对自己国家、民族的伟大责任感；他对权力的死不放手，幻成为是迫于他的悲天悯人之念；更换权力，即是放弃对自己民族国家的伟大责任，绝非悲天悯人之念所能允许；只好鞠躬尽瘁，死而后已，乃至死而不已。

1977.01.04

五〇

毁灭自己文化遗产的，不能不走上洋奴之路。

1977.02.17

五一

打天下得到成功表示个人的才略、能满足自己的野心，这对国族人民而言，不是判断功罪之所在。要论功罪，必须看得天下后的所作所为，对国族人民，到底是好是坏。这是古、今、中、外评断历史政治首脑的不约而同的共同准则。

1979.09.12

五二

我与毛（注：毛泽东），长谈过五次以上，并曾诚恳地向他请教过。例如我问："应当怎样读历史？"他说："中国史应当特别留心兴、亡之际，此时容易看出问题。太平时代反不容易看出。西洋史应特别留心法国大革命。"他这段话，实际给了我很大的影响。

他在谈话中给人的印象都是好的。

1976.12.20

五三

中国成语说:"从大处着眼,从小处下手。"假定"大处"包含有一百个问题,当然不能同时下手。可是我们若在这一百个问题中,只择其中顶小的去做,则对于解决全盘问题的效率,不能不发生疑问。所以这句话应该修正为"从大处着眼,从重点下手。"从重点下手,才是政治家的做法。

1947.08.28

五四

他(有些人)所说的改革,只是向外看、向外推,只是在自己以外去找改革的对象;于是所应当改革的,都认为是旁人的问题,而不是自己的问题。自己总是站在改革圈子以外,想去改革旁人。

一言以蔽之,现在主张改革的人,多半不是从自反中转出来的。所以他对现在的一切,不能从自己的本身上感到责任,更不感到为担当这种责任而本身需要有所建立。今日普遍现象,是做官的时候,一塌糊涂;一不做官,却经纶满腹;假定明天去做官,则依然是一塌糊涂。在自己岗位上的事,是人欲横流;在自己岗位以外的事,却都开明进步。口里说的和责备的人是一套，自己躬行实践的又是一套。于是改革在这般人的手中，成了掩饰和夺权的工具。

我们不怕说坏话的人在做坏事，而最怕的是说好话的人去做坏事。

1948.05.06

五五

政治上最不可救的毛病，莫大于痼蔽自私。因为痼蔽，所以常以一己几希之见，悍然不顾天下之公是公非。因为自私，所以常以一己好恶之情，悍然抹煞天下之大经大法。

要医治痼蔽自私，唯能真正知耻，则自己精神上常应面对一客观之责任，以客观责任之要求为尺度，因而此一尺度也是客观的，自可与天下共此客观之尺度，以接纳天下之公是公非。

唯能真正觉得是赎罪，则自己精神常沉潜于无我状态之中，而只见我乃天下之一工具，天下非我之一工具；我乃为天下而存在，天下非为我而存在；于以克去个人得失好恶之私，显露并顺应天下之大经大法。知耻与赎罪，乃圣贤和伟大宗教家的基本功夫和表现。

1952.11.01

五六

好的政治，可以形成一好的风气，也需要一好的风气。风气好坏之形态不一，而质朴与浮夸、谦虚与狂妄、刚正与谄媚三者，乃各种形态中最是立于两极的鲜明对照。质朴、谦虚、刚正，总是连在一起，形成一好的政治风气，使好人好事可以出头；浮夸、狂妄、谄媚，总是连在一起，形成一坏的政治风气，使坏人坏事得到营养。

1952.11.01

五七

第一种领导的典型，我可以称之为"百货公司"的典型。

百货公司的经理人，最大的本领是表现在能够"识货"，能够了解市场的"行情"。

从世界所有的工厂中选择出最适宜行情的货色，定出适宜的价格，以适应市场的需求。它可以没有一样专门技能，但凭它的常识是可以衡量各种技能。

它可以没有一家工厂，却可以利用一切的工厂。这拿到政治领导上说，一个领导者，因社会的潜力，以解决社会的问题；因国家的人才，以担当国家的责任，自己只要有"识"加以鉴别，有"量"加以容纳，开诚心，布公道，加以适当的安排。自己不要特殊的才能，而天下的才能都能效其用；自己不制造特殊的势力，而社会的势力都是政治的支持。此一做法，就是中国过去所说的"无为而无不为"的道理。无为而无不为，这岂不是政治领导上的最高艺术吗？

此外的一种领导典型，我可以假设为"万能工厂"的典型。世界上绝不能有"万能工厂"。这是现代的常识所不能允许的，所以现代只有"百货公司"而绝无"万能公司"。

但在政治上这却成为今日的领导艺术。此种领导艺术的要点是要在社会现成的潜力之外，创造出专属于我的势力；在社会现成的人才之外，培养出属于我的人才。

于是领导者自身纵然不要求成为一个神，其势也非使自己成为一位万能博士不可。

这是古今中外最笨拙的领导艺术；而领导者自身也一定会成为悲剧的领导人。

1954.03.31

五八

每一种政策，它的本身不能不有一种极限。聪明的政治领导人物，总是根据内外的情势，扣紧自己的政策，在它达到极限时,立即加以调整。这就是中国所说的"穷则变,变则通"的道理。任何政策,执行时如在程度上、在时间上超过了它的极限,它就必至于穷。穷而不变,则只有陷于绝境。

1954.04.20

五九

只有"人"才能解决经济问题,并不是"经济"可以解决人的问题。

1955.01.18

六〇

大凡奸猾出身的开国之主,到了他的末年,一定把有能力的人杀个干净,有如刘邦、朱元璋,只留下毫无能力的奴才,做他的看家狗;所以他们身后都遭遇到家庭的惨剧。

1959.01.23

六一

政治的成败，主要决定于政治的目的、方向；但实行中的效率却常常关系于政治运用上的技巧。

世人每好以政治艺术来表明某种运用成功的技巧。但艺术之与魔术，常是差之毫厘，谬以千里。负实际政治责任的人，以自己所玩弄的政治魔术沾沾自喜地当作自己的政治艺术。许多政治中的悲剧，多是由此而来。

艺术和魔术，都是为了化除政治运行中的障碍。但化除障碍是为了达到多数人所共同要求的目的，这便是一种艺术。化除障碍以保障少数人的特殊权益，这便会自然而然地流为魔术。

顺应大势走的是艺术；伪装顺应大势，而实际只是为了满足少数人权利之私的是魔术。在曲折中诚心诚意去做的是艺术；在油腔滑调中两重人格的是魔术。

中国文化中，特别重视一个"诚"字，即是告诉人，只能学艺术而不可玩魔术。魔术有时也能收到短暂的效果，但一经拆穿后，再大的魔术师也就束手无策了。

1961.07.26

六二

现在人们解释问题过于现实化了,却常忽略在现实的后面,更有一个并非现实、却不断对现实发生不知其然而然的作用的东西,这即是我们所说的良心理性。能给人类前途以保证的不是科学、技术,而是人类的良心理性。

所谓人类的良心理性,常常表现为尊重自己、也同样尊重他人,宝贵自己的生命、意志,也同样宝贵他人的生命、意志。一切合理的制度、风俗、生活的习惯,都是以此为根源而发展建立起来的。每一个人都有良心理性,每一个人也都有干扰良心理性的自私欲望,这在中国传统文化中称之为"私欲"。当私欲战胜了良心理性时,他人的生命、意志,便会受到了损害。

1961.11.14

六三

中山先生指出:对科学知识应迎头赶上,对伦理道德应继承、发扬我们的道统。

中山先生的两种主张,不是统一于思想、知识,而是统一于我们"民族之全"。

在我们民族之全中，需要这两样东西的同时并进；不如此，便是偏、便是蔽，便是对于我们民族之全的损害。

1966.11.12

六四

主义，是某些人总结某些经验而提炼成若干观念，以解释并解决某些经验问题的。

经验是不断地在演变，总结经验的都是人而不是神，然则有什么主义不可加以修正？

并且革命的主义，是为了人民的要求，应接受人民的考验。人民才是革命的主体，而白纸印上黑字的主义，只不过是人民所用的工具。人民有选择工具的自由，更有修改工具的自由。

凡是有生命力的主义，一定是不断地修正，而且是受得起修正的主义。

1967.04.15

六五

政治是以权力为中心的活动。权力不一定是坏的；但权力与私人的权力欲望结合再一起，则必然是坏的。所以西方有人以政治为人类无可避免的一种罪恶。

此一罪恶之所以无法避免，乃系人类必在集体中始能生活。有集体生活，便不能不有政治。

政治的基本目的，本在于解决集体生活中的共同问题。

1968.04

六六

我们国家最大的遗产，是人民的勤俭精神。在人类历史中成为不死之鸟、历万劫而不磨灭的，正是这种精神力量。

中国文化，主要是教育人能保持人所自有的恻隐之心、是非之心、善恶之心、辞让之心的人的基本条件。旧社会虽然有官僚、地主、土豪、劣绅等的欺压，并且多数人民是文盲，但因文化长期的积累，劳动人民在关键性的问题上，这四种心总会在不识不知中发生作用，以支持个人和群体的合理生存。

1967.06.08

六七

曾听过李汉俊以"破坏与建设"为题的讲演。大意是说明建设必须先破坏。大概因佛教千余年来常强调"先破"、"后立"的影响,所以李氏站在社会主义立场所说的意见,是很流行的意见。

破坏非常容易,建设则非常困难。

破坏与建设之间,不仅没有相关的关系,并且由破坏走向建设,首先须作精神的转换。

1967.06.20

六八

日本的维新,是以天皇为中心所展开的,于是政治即是推进维新的最大力量。

而中国则是在清王朝政治专制压迫之下所展开的,所以政治即是阻碍维新的最大力量。

1968.05

六九

  我国北宋时代的一位文学家苏明元（苏东坡的父亲），写了一篇《管仲论》，主要是责备管仲在临死的时候，没有好好安排继任的适当人选，以致齐桓的霸业不终。所以在文章收尾时说："贤者不悲其身之死，而忧其国之衰，故必有贤者而后可以死。彼管仲者何以死哉？"

1973.11.27

七〇

  现实上的问题，没有绝对性的是非，没有绝对性的利害。所以对现实问题的处理，应先弄清楚本末、轻重之间，权衡它的是非、得失。若本末倒置，轻重不分，以致使政治社会，迷失了大是大非、大利大害的方向，即会贻大多数人以巨大灾害。

1975.10.07

七一

  中国从刘邦起，决没有以打天下之臣来守天下的。这决不是如愚腐的书生们所说，打天下以武，守天下以文；天下打下来了，便应文武易位。而是帮着打天下的人，都是当时第一流的人才，都是凭自己能力以取得政治地位的人才；也即是开国之王，认为他的血统——后嗣，所不能驾驭的人才。为了血统的延续，必然以杀戮或"形势的控制"，把这批人去掉，启用四流以下的无才无格之徒来接班，而后死时才可以瞑目。

1976.03.02

七二

  所谓政权的基础，是指一个政权，把自己的基础，建立在什么东西之上，是对什么东西负责，由此以决定他们政权运行的大方向，以形成此一政权的规矩准绳。

  在中国的远古传说中，大概多是枪杆子出政权。

  而政权的"垂统"，则自夏禹传子，到周公订下立嫡、立长的宗法制度，则是以血统做他们政权的基础。但武力、血统，对被统治的广大人民而言，都没有说服的力量；于是自古以来，在武力与血统之上，更抬上"天命"来压迫在被统治者的身上。

　　中国自周公说出"天视自我民视，天听自我民听"的话以后，天命常是与民心直接连接在一起，所以在理论上，二千多年以前，已浮出"民为邦本"、"民为贵，社稷次之，君为轻"的明确观念；指出合理的政权，经常把它的基础，建立在人民之上；人民才是政治的最高准绳，其他因素的意义，都要由此一准绳来决定。这是人类在政治上前进的大方向。

1976.11.17

七三

　　不过我近来的倾向，认为一个政治家，应当在人格、人民、国家的真实问题上立基，不必枉费心机去谈什么哲学，尤其不必谈什么"系统哲学"。

1977.08.03~10

七四

有人说,凡没有决心治好疮疤的,便不准人揭疮疤。

1977.09.21~22

七五

权力欲望,人人都有。但落后地区的政治人物,有两大特色。第一个特色是幻觉自己有超人的能力;第二个特色是幻觉他们的国家,若不由他掌权,上面的天便会塌下来。

1979.10.30

七六

对于重大的政治问题,有原则上的判断,有技术上的判断。技术从属于原则,最后决定问题的是原则而不是技术。

1981.12.22

七七

　　人自身能力的恢复，自由、人权，是先行的条件；道德、正义，是共同的内容。

　　人能作为一个独立的人而堂堂地站起来的时候，潜在于生命内部的能力，才能发挥出来。生活在保有自由、人权的空间里，人才可以作为一个独立的人，得到人格尊严的鼓励。

　　近代各方面的进步，是由自由、人权所解放的人自身能力的解放。

1977.01.26

七八

　　社会主义革命兴起的原因之一，并不是否定自由、人权；而是说近代的自由、人权仅为资产阶级服务，是虚伪的自由、人权。

1977.01.26

七九

新的独立国家,为了解决自身许多困难问题,对西方的殖民主义,必须有所抗拒,这是理、势所必然的。这种抗拒,只是为了扫除自己建设国家的障碍,并不能从这种抗拒中,直接得到建国的成果。国家平等自由的真正保障,是由国家的文化、经济、军事等所表现的力量。这些力量,不是靠捡便宜,弄权术可以得来的,而是要靠团结全国人民,做艰苦的努力,在成绩上与世界先进国家争一日之短长,才可以得到的。政治领导者是否尽了领导的责任、国家是否有真正的前途,都要在这一尺度上来加以裁定。此之谓"求其在己"、"尽其在己"。能求其在己、尽其在己,则一个国家的精神气力,都集中到自己的实际工作之上,只希望从实际工作中得到真实的效果。

1967.06.11

八〇

儒家认为人类的罪恶,是从无节制的欲望出来的;但并不认为欲望的自身即是罪恶。所以对统治阶级而言,是要求节制自己的欲望;对人民而言,则须满足他们的欲望。并且认为只有先满足人民的欲望以后,才可加人民以教育,此即所谓先养后教。同时，儒家认为一个人在不自觉时，是由他的环境（包括阶级）做决定。有了自觉时，则是由自己的人性做决定。

1968.01.28

八一

由斗争转向和平的可能性，乃在于即使是在斗争之中，斗争的双方，也能保持某种敌、我两方仍可以继续共同生存的基础。

1972.09.19

八二

我的想法，人类只应当有两种斗争。一是反帝国主义的斗争，一是反"反民主"的斗争。两种斗争的目的只有一个，即是人类能在和平中生活。没有平等，没有自由，便没有真正的和平；所以一切政治理想，必归结于平等与自由的协和统一。

1972.06.07

八三

不满是对现状的厌弃,变是对新的方向、新的事物的追求。不满是一种气氛,变便要有创构未来的明确思想。

1972.07.18

八四

人类的过去、现在与将来,生存所受的最大威胁,是来自政治。

政治,当然是支配人类生存的重大环境之一。但因人口增加与集中,科学技术对自然开发所引起的破坏;工业生产的排泄物所引起的空气污染等,构成了人类生存的另一种大环境威胁。

人应当保持、乃至造成适合于人生活的环境,和人为了作为一个人的生存而应保有若干基本权利,其重要性本来是没有什么分别的。

1972.06.24

八五

我国传统文化,强调目的与手段的一致性。手段合理不合理的第一层次的区分,即在于公开或是秘密。中国儒家主张政治要公开,法家主张要秘密。民主政治最大特色之一,即在通过公开的选举与辩论,以导向政策的决定。

1971.10.24

八六

打天下与治天下,适用的两种不同的才略。打天下是破坏性的才略,而治天下则是建设性的才略。以打天下的才略来治天下,在历史上没有不及身失败的。

1979.06.20

八七

从历史看,人民只要不受错误政策的干扰,不受贪官污吏的榨压,他们所作的艰苦努力,必然会得到相当的成就。所以大乱之后，只要有十年左右的清明、安定的时间，社会便会恢复元气，开始向前发展。

1979.11.06

八八

和平共存，实际是以"和平竞争"为基础。竞争是不能避免、也不应避免的；竞争的结果，优胜劣败，这是历史的大趋向。问题是出在竞争所用的手段。以武力作竞争的手段，其结果并不能代表人类的真正愿望，亦即是这只能算问题的积累，不能算问题的解决。

1973.01.03

八九

人类很早的黄金之梦，便是投向社会主义。在各民族的古典思想中，多少会带有社会主义的意味，否则便不成其为古典思想。《周易》"君子以裒多益寡，称物平施"，这是社会主义的思想。《论语》"丘也闻有国有家者，不患寡，而患不均",这当然也是社会主义的思想。孟子的井田制度,是以农业生产为经济基础而实行社会主义的具体方案。荀子以礼来达到"各尽所能,各取所需"的政治要求,也是实行社会主义所构想出来的政治社会的原则。《礼记》礼运大同章的"天下为公","货恶其弃于地也,不必藏于己;力恶其不出于身也,不必为己",更描出了社会主义不是某国家某派的专利品。

1973.02.09

九〇

生活的意识,决定生活的形态;而生活的形态,决定生存的权利。

斗争决定于力量,力量来自大多数人;政治领导层、社会领导层,事实上必然是少数。这些少数人与大多数人的关系,是由生活形态所决定的。在生活形态上,必然和大多数人民的生活打成一片。生活的融合,乃是对大多数人最强有力的说服手段。

生活形态来自生活意识。生活意识,是指一个人与社会大众的"关联感"而言。假定大家认为自己的生活,不应太突出于大多数人的生活之上,由这种意识所决定的生活形态,在生存斗争中才可发生力量。

1975.04.23

九一

诈欺虚伪的产生,在于常与他人相接、与社会相接时,为了从他人身上、从社会方面,取得自己物欲——名、利、权力、情欲等的"逾分"的满足。

1972.09.10

九二

中国常将"贪污"与"浪费",结合在一起。

贪污、浪费之所以结合在一起,可用两点来说明;一点是浪费纳税者的金钱,或以之市私恩、树私党,或以之过官瘾、逞官威;这种性质的浪费,即是实质的贪污。另一点,凡是一个机关首长的浪费,必靠贪污来支持,并诱发为他张罗浪费的部下,作集体贪污的机会。

1976.02.11

九三

　　古今中外,对伦理道德的观念,不完全相同;所以对罪恶的认定,也因之有所差异。但贪污被认为是各种罪恶的源泉、是罪恶中的罪恶,却是无间于古今中外。现实各国政府对贪污的认定与处理,有宽严的不同;并不是来自对贪污罪恶本质的认定有所不同,而系来自各该政府本身构成素质的不同,是各该政府在文明标准中所占的高低层级不同。

　　愈是堕落的政府,愈是对贪污的尺码放得宽,愈是对贪污分子存有令人恶心的偏爱。

1977.11.01

九四

　　中国人在没有受到不合理待遇时,便没有中国人意识;在受到不合理待遇而感到耻辱时,即激发出强烈中国人意识。

1979.02.02

九五

封建政治，不等于是专制政治。在典型的封建政治中，王室分权于诸侯，诸侯分权于贵族，在分权与统治中，都有礼的规定与限制。

决定封建特质的最基本条件是"身份制度"。即是由身份决定人的地位，决定人的权利、义务。

专制把封建制度中的分权，集中于皇帝一人身上。

1980.11.14，15，16，18

九六

在第二次世界大战以前，及第二次世界大战以后，战争的形态，出现了很大的变化。一直到第二次世界大战为止，主要的战争，都是由第一流强国间的直接战争。但第二次世界大战以后，第一流强国，常居于战争的幕后，让第三流以下的国家从事直接战争；而第一流强国，常以他人的直接战争作为自己的间接战争，通过这种间接战争，以达到自己政治的目的。

1971.12.09

九七

从一个国家对外战争的观点说,政略决定战略,战略决定战术。政略的失败,不是战略可以挽回;战略的失败,不是战术可以挽回。从战场的观点说,两方的武器悬隔不大时,决定于人的战争意志;两方人的战争意志相去不远时,决定于武器及其使用的技能。若战争进入到相持的僵局而进入长期战争时,战局便由人的战争意志所决定。

1972.12.24

九八

克劳赛维兹的《战争论》,说出了"战争是政治的延续"这句话。

这句话中的政治,主要是指外交而言。其重要意义在说明战争的本身没有目的,而是以外交的目的为目的。外交的目的,是来自某个国家的国策。这种国策须向邻国求得解决时,便形成外交活动;通过外交活动而不能达成目的时,便常以战争的手法去达成。此时的战争,是外交的延续。

克氏认为,战争的特性是在把对方加以消灭。但因许多因素的限制、战争不能完成它的特性;结果,打了以后,又回到外交的椅子上，图谋政治性的解决。

1975.01.14

九九

安全心理，实际即是对于敌方有把握的心理；安全心理，必是建立在优势之上。

1975.03.11

一〇〇

一个腐败堕落的集团，面对着刻苦勤奋的集团，在斗争中必定失败，必定会被淘汰。这与双方所标举的主义思想，没有必然的关系。金钱武器，只有在刻苦勤奋者手上，才能发生力量；在腐败堕落者手上，只是"假寇兵而赍盗粮"。中国的圣贤，对人类谆谆的教训是：一切应求之在己，一切应尽其在己，一切必厚责于己而薄责于人；这类语言所表现的是人类最高的智慧。

1975.04.29

一〇一

历史的事实告诉我们,先有了近代民族国家的成立,才有进一步的民主政治活动。

"民族国家"之成立,是近代政治的开端;各国国民运动的总目标,可用"对外求独立,对内求统一"二语加以概括。

民族的形成,乃历史文化成长的结果。所以民族自决,同时即是历史文化的自觉。从中、外的历史看,决发现不出一刀砍断他的历史文化而能复兴的民族。

1958.09.16

一〇二

西方进入近代的第一步,即是"民族国家的成立"。

所以他们的个人主义,乃是生根在民族国家之上的个人主义。

他们的自由,乃是生根在民族国家独立之上的自由。

1965.04.05

一〇三

正常的国家意识,依然是决定大是大非、大利大害的标准,也是团结人民的大熔炉。

1980.07.22

一〇四

最近我看到一篇文章,说英国人做礼拜时是面对基督教,但他们实际的宗教却是爱国主义。所以常常能从暴力革命的边缘渡过去,即是靠着这种爱国主义。

政治中的右派,右到不要伤害国家的利益;政治中的左派,左到不要伤害国家的利益;当然可以避免暴力革命。

1964.11.26

一〇五

只有真正的爱国主义者,才能了解自己国家的问题,把握自己国家的问题。因为爱自己的国家,才肯把精神用在与私人利害没有直接关联的国家问题上面去，认真地看，认真地想。并且国家的重大问题，只有忘记自己私人利害时，才能突破许多蛮烟恶瘴，而看得出、想得下。

1974.03.26

一〇六

然则这样大的国家，可以没有掌总舵的思想，以竖立大纲维、标示大方向吗？

我认为是需要的，并且也是极现成的，这即是"爱国思想"。

爱国思想，是爱祖国的山河大地，是爱祖国的男女同胞。这些山河大地，男女同胞，是由长期的历史文化所融合在一起，因而自然进入到每一个人的精神中，以成为一体的。所以爱国思想，同时必然会爱自己的先圣先贤、列祖列宗。某种主义思想，有益于国家，我们便"爱屋及乌"地也爱它；假定有害于国家，我们便可发挥国家主人的权力去唾弃它。只有在国土完整、主权独立的情形下，我们才不致随意被人屠杀、不致随意被人消灭；一旦敌国外患压顶，只要自己的政府能奋起反抗，人民也只好暂时弃异同之见，给政府以支持，此之谓爱国思想。假定统治者也有爱国思想，一定会把国家、人民的利益，高举于个人及党派利益之上，以决定政府的政策。

数十年的经验教训，证明了凡是把自己安置于国家之上，乃至以思想、主义抹煞国家的真实性的人或党派，结果便必然是走上勾结番邦，以保持个人或党派利益的国家罪人之路。

爱国思想，才是今日树立纲维、标示大方向的思想。

1979.07.04~17

一〇七

中国文化，尤其是作为中国文化主流的儒家，是非常重视国家统一的。孔子修春秋、尊周攘夷，即为出于"大（尊重）一统"的要求，这是由汉以来，共同承认的"大义"。

并且孔子所提倡的"忠信"、"忠恕"之道，便在教养出以"四海为一家"、以"中国为一人"的堂堂正正的"中国人"；这种"中国人"正是不可动摇的统一的基础。而事实上，儒家之教，在历史中，正尽到了从文化上统一国家的作用。

1981.10.15

一〇八

由对自己文化的尊重而来的民族自尊心,及与此相关联的国家独立意识,乃是任何国家一切建设的前提条件。但与殖民主义所追求的殖民的目的,却是背道而驰的。因为殖民主义,只能建立在自卑、自贱的民族之上;而对于自己文化的诬蔑、侮辱,正是自卑、自贱的动力和表现。

1966.08.28

一〇九

没有民族主义的自由民主,是奴才型的自由民主。或许美国在世界上追求的正是这种奴才型的自由民主。

1973.04.25

一一〇

殖民主义,是在政治、经济、文化三方面作有机地出现,而以在文化方面者最为深刻、彻底。

文化殖民主义的特点，是否定各民族传统文化系统，而要代之以自认为是优秀民族的价值系统。

民族主义的自觉，必随之而有作为民族生命的民族的价值文化的觉醒。

1958.09.16

一一一

所谓国家的两重性格，是指政治的国家，与民族的国家的两重性格而言。

政治的国家，是由一个朝代的朝廷所代表的。

民族的国家，是由子子孙孙继承不绝的老百姓的生活共同体所形成的。

司马迁作《史记》，将陈涉比之于汤武革命，这实际是继承孔子之后，了解民族国家的地位是远在政治国家之上。为了民族国家的生存而打倒一人、一家的政治国家，乃儒家的大义所在。

我们的历史，政治的国家亡掉了多少次；但我们的民族国家，则在压迫、挫折中，还是不断地发展；这即够说明我们由文化所熔铸成的生活共同体，有它真正深厚而伟大的生命力。

两重性格的分离，事实上是人类一种大的灾难。在分离中，一定是政治国家吞噬着民族国家的生命。对于这种吞噬没有反抗的力量时，最后民族国家，也会随政治国家而同归于尽。

国家两重性格的完全合一，才是真正"为万世开太平"。但这决不能求之于任何形态的专制政治之下，而只能得之于真正的民主。

1965.05.28

一一二

推而到一个国家，它的生存，也有自立与他力之别。

合作与互助，这是自个人以至国家，不仅不可缺少，甚至这也是一种责任、义务，这不是此处所说的他力。一个新建立的国家，乃至在特殊状况下的国家，接受他国的援助，也不是此处所说的他力。自立与他力，乃决定于立国的精神及其实际的行动。以自立的精神立国，并把这种精神表现在广大而深刻的行动上，则外来的援助乃是加强自力更生；国家的命运，依然操在自己手上。

没有真正自立的精神、没有真正自立的行动、完全倚靠外来的援助以图生存，甚至以外援为私利、因外援而益增偷惰之私，这才真正是倚靠外力的国家。倚靠外力的国家，其命运必然操在他人手上。

1972.12.05

一一三

义和拳事件的本身是愚蠢的；但愚蠢也并不同于罪恶。而此一事件发生的背景，是来自当时中国社会里的流氓、地痞，假诸当时洋人的力量，对中国广大社会的精神生活与风俗习惯，做肆无忌惮的侵凌，因而激起了无可奈何的反抗，以致为清室所利用。这种反抗性却含有伟大的历史意义。

假使太平天国只是基于民族对清统治的反抗意识，而不另坚持什么"上帝教"，则曾国藩这一批知识分子，决不会投袂而起。他们之所以投袂而起，是"忍令华夏衣冠，沦于夷狄"。

东方人们所待望于西方的是民主、科学，而决不是上帝教。

1963.06.18

一一四

我可以断言真诚谈道统的人,他对于自己国家民族的历史,对于比他早死了几千年的、为了文化真切用过一番苦心的先哲,总是多一种亲切之情、虔诚之感、谦敬之意。这较之以一种阴狠狂妄之气,不问青红皂白、一口抹煞他自己的祖宗,骂自己的祖宗一钱不值的人们,其在政治上,当更容易接近民主。

近代的自然科学,正和民主政治一样,都是在英国得到健全的发展。历史家追寻其故,多认为系英国有数百年安定的社会环境,适于培养科学与民主。而致此之由,则为英国人重视传统,踏着传统而安定地前进。

1952.05.01

一一五

农村,是中国人土生土长的地方。一个人、一个集团、一个民族,到了忘记他的土生土长,到了不能对他土生土长之地分给一滴感情,到了不能从他的土生土长中吸取一滴生命的泉水,则他将忘记一切,将是对一切无情,将从任何地方都得不到真正的生命。这种个人、集团、民族的运命,大概也会所余无几了。

1952.08.01

一一六

人民有反对政府的权利，没有反对自己的国家、民族的权利。政府可以宽容反对政治设施者的意见，但不能宽容反对自己国家、民族者的意见，除非政府自己走上了反国家、民族的路。

1972.01.14

一一七

站在人的立场，不能不讲良心。站在国家的立场，不能不计利害。

1974.05.23

一一八

孟子说，以小事大是"畏天"。所谓"畏天"，是由于对于人民、社稷存亡的责任感而来的一种敬畏精神，在此种精神基础上的事大，便只会产生艰苦的奋斗，而绝不会屈服偷生。

以大事小是"乐天"。所谓"乐天"，是以天的并生、并育为乐，于是对于弱国总是存"宽洪恻怛"之心去涵融。

在中国文化中人与人的关系、国与国的关系，以礼为共同遵守的准绳，并以有礼与无礼为文明（华）或野蛮（夷）的分别。

我们可以把历史实践中对外的原则归纳为下面的三点：第一，在受到外力的压迫侵害时，便主张挞伐；第二，在自己强盛而四夷衰弱时，则主张宽大；第三，在自己不十分强盛，而四夷也无力大举侵害时，则主张羁縻。

尤以"羁縻"两字，表现出中国民族对外的现实态度。所谓羁縻的实际意义，乃是吃小亏、上小当，不和人斤斤计较，维持一种可以勉强相安的局面的态度。

1957.07.01

一一九

世界动乱的基本因素：

（一）是由于少数人在政治和经济上的权利，与多数人发生了冲突。这可以解释许多落后地区为什么不能得到安定的原因。

（二）是我们目前既成的生活格式或意识形态，与世界上所发生的新情势发生了冲突。例如西方的资本主义，与它们的殖民主义本是不可分的；所以他们便无形之中，认为殖民政策是天经地义。但目前民族的觉醒，已经深入亚、非各民族之间；这便与沉浸于殖民主义之中的西方人发生冲突。

1961.01

一二〇

从国际关系上来看人类的历史，乃是一部强凌弱、大欺小的历史。也是小国想成大国，弱国要成为强国的奋斗历史。

在二十世纪以前，小国还有成为强国的机会；例如瑞典、西班牙、法国、英国、日本等皆是。不过，进入到二十世纪以后，尤其是经过了两次的世界大战，尽管大国并非一定是强国；但小国却很难成为强国。

小国在今日欲图自存自保，只有两条路可以走：一是与大国结盟，以抵抗另一假想敌的大国。另一是小国相互结盟、弱国相互结盟。

古今中外，断没有专靠对外关系可以久存的。今日的小国，努力的目标，不应当是"强"，而应当是"善"。

强国是表现力量，而善国则是表现价值，以国家的组织来发挥人类的理想、实现人类的价值，使每一个人，都能"养其生而遂其性"，这即是所谓善国。

善国并不排斥强国的观念，强国也不排斥善国的观念。

若以善国为目的，是在"善"与"强"，二者选一时，宁愿选"善"而不选"强"。

大国牺牲某程度的善以求强，尚可达到求强的目的。今日的小国，即使牺牲求善并不能达到求强的目的。以强为目的，力量的扩张，同时即是力量的消耗，这不是一个小国可以长期负担得了的。真正向善国的努力，是从社会上，蓄积培养现实上所需要的力量。善国所蓄积培养的力量，是把经济、文化、人心及正义等结合在一起。

1962.05.27

一二一

  大国的支持只是大国自己国际政治的运用。国际形势变了,大国的政策就会主动地变,一切口头乃至文字上的友谊,立刻成为空谈。

  两方(注:印度、巴基斯坦)共同的智慧,表现在承认"和平"的利益高于一切;并知道这种和平的利益,只有两国直接谈判达成,而不要第三国的参与。

1972.07.08

一二二

  目前东德的急务,在养成自身独立的精神与志气。他们以最大的努力,从事于德国传统文化的承担与复兴。他们认为有了文化的独立,才有精神的独立。有了精神的独立,才有志气从苏联手中争取名实相符的国家的独立。波茨坦的一位"艺术之家"的负责者曾向人说:"使人民保有德国古典文化的光荣,即是使德国民主共和国的青年们保持自己的自信。"由传统文化的传承、推进,以培养人民的独立精神,及由独立精神而来的信心。

1973.05.25

一二三

春秋时代的早期,郑国受到齐国的攻击。他的臣子孔叔向郑君提供意见说:"谚有之曰:心则不竞(强),何惮(怕)于病(屈辱)。既不能强,又不能弱,所以毙也。"这几句话,似乎是完全针对美国的东南亚政策来说的。

美国既不能"强",便应当承认自己的"弱",以减少东南亚的人民所流的毫无结果、毫无希望的血。

1975.03.19

一二四

单就民族主义与民主主义的关联来说,可以得到三个初步的结论。

第一,有力的民族主义,是出于某一民族的构成分子有连带感的自觉,这是人种自觉的一种重大形式。此一自觉的形式,表面上与个人自觉的形式好像不同;然在伸张理性、否定权威、以获得在平等基础上的自由,则是完全一致。

第二,任何人不能设想到处于殖民地或半殖民地的人们,能实现什么民主。

第三,任何的价值观念,必须先在个体上生根,否则不仅会完全落空，并且会产生重大的弊害；各种价值须在个体上生根，并非等于是在个体上便能得到价值的完成、解决。

个人主义，在抵抗某一个人（如大独裁者）或某一小特殊阶级、拿着群体的名义（国家、民族、阶级、神国等）以否定个体的基本价值、因而毒害每一个体时，有其特别的意义。

若把个人主义完全孤立起来，甚至拿个人主义的招牌来否定群体生活，抵抗群体的共同要求愿望时，则个人主义不仅会成为负号的意义，而且也会成为废话玄谈，势必流入虚无主义，而虚无主义的转手便是极权主义。

1958.09.16

一二五

第二次世界大战复原后，[注：各国]以大量生产为经济进展的方向。

大量生产，必然要求大量消费；必然引发以消费量来建立人生的价值。

这样便必然会出现三大问题。第一，地球的许多资源本是有限的，有的资源是不能代替的，像这样累长增高地消费下去，等于断绝了后代子孙的生路。第二，大量消费，必然会以人造的功能，代替人生而即有的本能，长期下去，人生而即有的本能，会一天一天地消退，使老子"五色令人目盲"的话，在广大的人类中出现。第三，整个人生都在消费中轮回角逐，必然以消费代替其他一切人生价值。

　　这意味着人的地位的失坠、人的"自我"的否定，终必至于人相食而后止。

1974.01.08

一二六

　　不奋斗便不能生存的压力没有了，不知不觉的走上好吃懒做的一条路，英国工人只想到如何提高自己的生活而不顾及其他，是以"福利国家"的好吃懒做为其背景。这是吃光主义的背景。

1974.02.12

一二七

　　日本在战前，规律压倒了自由。在战后，则自由压倒了规律。

日本今日的要求，是规律与自由能得到调和的中庸之道。这种中庸之道，也可以应用到平等与自由的关系上去。也可以应用到道德与自由的关系上去。

1966.08.25

一二八

基督教不是超历史的存在。中世纪教会由权力而来的自身腐败黑暗，至马丁·路德良心自由的提出，才告一转机。进入近代第一步的民族国家的成立，是经过了与基督教的斗争；科学的兴起，更经过了与基督教的斗争。因为教会的独断、独裁，不同于皇权专制的以血统为基础，这才在阻挡历史前进中，依然保持了他们在历史中的适应能力。但他们与政治的许多纠葛要到近代民主政治，实现了政教分离、信仰自由、才算解脱掉。

1981.10.28

一二九

在世界大同未真正实现以前,所有人类的活动,依然是以国家为立足点。纵使我们不愿当中国人,人家还是要把我们当作中国人而加以歧视、加以限制。分明是一个中国人,而在精神上不愿意当一个中国人,这才是人生中真正的卑贱、耻辱!

1959.06

一三〇

这里的主要问题,是自己的教育,根本无人想向好的方向去发展的问题。尤其大学教育,一天一天地走向"野鸡大学"的路。

1964.12.28

一三一

收养一批下流的欧仆,以研究的姿态出现,谈"中国只有材料,美国才有方法",把中国历史,歪曲为美国政治目的适宜于运用的工具。

这样一来，中国的历史完了，中国的民族意识完了，中华民族的命运，也便任人摆在刀俎之上了。

十多年来，在政治上，我只谈民主，而不谈民族，是以为我们的民族经过八①年抗战，在国际关系中不会发生问题。

但目前的事实证明，我们最大的危机，是来自由毁灭我们的历史以达到分裂我们民族、奴役我们民族的大阴谋。

1965.04.05

一三二

由柏拉图传统下来的西方哲学家，对老子有兴趣，对《论语》没有兴趣。

依傍西方哲学门户来讲中国哲学的人们，可以讲老庄、讲《中庸》《易传》，不能讲《论语》。

即使是推崇孔子的人，内心也瞧不起《论语》。熊十力、方东美两先生便是显例。

孔子不是为了满足个人"知的喜悦"而发心，是为了解决"吾非斯人之徒与而谁与"的人类生存问题，为解决一切问题

---

① 应为"十四年抗战"，自1931年9月18日至1945年结束。

的基础而发心。

由孔子之教所开辟的世界，是现实生活中的"正常人"的世界；是任何人应当进入，也可以进入的平安的世界。

人能进入到柏拉图的理想型世界中去吗？能进入到黑格尔的绝对精神的世界中去吗？

站在人类具体生存的要求上来看哲学，则一切唯心唯物之论，都是形而上学，都是戏谈、怪说、无赖、无聊。

1981.02.17

一三三

孔子对正常的开辟、建立，用的是君子与小人之辨。

他对新兴的"士"的要求，都是期待他们成为一个君子。他说："君子耻其言而过其行。"通过一部《论语》，都贯彻着"言之必可行；行之也必可言也"，"君子欲讷于言而敏于行"的实践（行）重于宣传（言）。

孔子非常重视忠信。朱元晦的解释是"尽己之谓忠，以实之谓信"。《论语》中说了三次"主忠信"。又说："言忠信，行笃敬，虽蛮貊之邦行矣。言不忠信，行不笃敬，虽州里，行乎哉。"

孔子又说:"居处恭,执事敬,与人忠,虽之夷狄,不可弃也。"

对青少年说,孔子要求"弟子,入则孝,出则弟;谨(行)而信(言),泛爱众,而亲(亲近)仁。行有余力,则以学文(读书)"。

由孔子之教所成就的伟大,是与正常在一起。伟大即是正常。正常即是伟大。

1981.02.17

一三四

我所以用"正常"两字翻译"中庸"两字,是因:

中是无过、无不及,恰合人与事客观的分际。用现代语言表达,是不左不右的实事求是的"是"。

庸合"用"与"常"以为义,是人和人当做、而且也能做的有意义的行为。用现代语言表达,是有社会性、大众性的有意义的行为。

因为是中,才可成为庸,所以中与庸是一而非二。

《论语》中有一浅显例子:"或曰:'以德报怨,何如?'子曰:'何以报德,以直报怨,以德报德。'"以德报怨，因失其中而为一般人做不到。并且用相同的手段，以处理德与怨两种性质不同的事物，便失掉用合理的差别方法，以鼓励社会向善的意义。这是不能，也不可社会化、大众化的。

1981.02.24

图书在版编目（CIP）数据

士当何为：徐复观先生谈思录 / 徐武军，徐元纯编.
— 成都：四川人民出版社，2019.9
ISBN 978-7-220-11413-7

Ⅰ.①士… Ⅱ.①徐… ②徐… Ⅲ.①社会科学—通俗读物 Ⅳ.①C49

中国版本图书馆CIP数据核字（2019）第121238号

SHI DANG HEWEI: XUFUGUAN XIANSHENG TANSILU

士当何为：徐复观先生谈思录

徐武军　徐元纯　编

出 品 人	黄立新
项目统筹	封　龙
责任编辑	封　龙　冯　珺
封面设计	叶　茂
版式设计	戴雨虹
责任校对	韩　华
责任印制	周　奇
出版发行	四川人民出版社（成都市槐树街2号）
网　　址	http://www.scpph.com
E-mail	scrmcbs@sina.com
新浪微博	@四川人民出版社
微信公众号	四川人民出版社
发行部业务电话	（028）86259624　86259453
防盗版举报电话	（028）86259624
照　　排	四川最近文化传播有限公司
印　　刷	成都东江印务有限公司
成品尺寸	155mm×230mm　1/16
印　　张	20.75
字　　数	200千
版　　次	2019年9月第1版
印　　次	2019年9月第1次印刷
书　　号	ISBN 978-7-220-11413-7
定　　价	68.00元

■版权所有·侵权必究
本书若出现质量问题，请与我社发行部联系更换
电话：（028）86259453